신이
알려주신
**책 쓰고
승진하기**

신이 알려주신 책 쓰고 승진하기

발행일   2018년 5월 30일

지은이   이대성
펴낸이   손형국
펴낸곳   (주)북랩
편집인   선일영   **편집**   오경진, 권혁신, 최예은, 최승헌, 김경무
디자인   이현수, 김민하, 한수희, 김윤주, 허지혜   **제작**   박기성, 황동현, 구성우, 정성배
마케팅   김회란, 박진관, 조하라
출판등록   2004. 12. 1(제2012-000051호)
주소   서울시 금천구 가산디지털 1로 168, 우림라이온스밸리 B동 B113, 114호
홈페이지   www.book.co.kr
전화번호   (02)2026-5777   **팩스**   (02)2026-5747

ISBN   979-11-6299-132-9 03190 (종이책)   979-11-6299-133-6 05190 (전자책)

이 도서의 국립중앙도서관 출판예정도서목록(CIP)은 서지정보유통지원시스템 홈페이지(http://seoji.nl.go.kr)와 국가
자료공동목록시스템(http://www.nl.go.kr/kolisnet)에서 이용하실 수 있습니다.
(CIP제어번호 : CIP2018015889)

(주)북랩 성공출판의 파트너
북랩 홈페이지와 패밀리 사이트에서 다양한 출판 솔루션을 만나 보세요!
홈페이지 book.co.kr • **블로그** blog.naver.com/essaybook • **원고모집** book@book.co.kr

책 쓰기를 통해 인생을 바꾼 한 경찰관의 퍼스널 브랜딩 이야기

브랜드가 삶을 바꾸는 시대
당신도 책 쓰기를 통해
자신만의 브랜드를
가질 수 있다!

신이
알려주신
책 쓰고
승진하기

이대성 지음

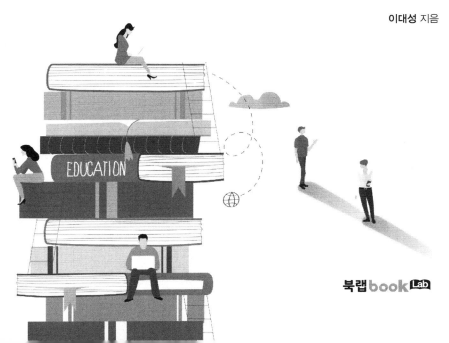

북랩 book Lab

프 / 롤 / 로 / 그

사람이 여행을 하는 것은 도착하기 위해서가 아니라 여행하기 위해서이다.
— 괴테 —

우리는 이 아름다운 지구에서 태어나 삶을 시작한 사람들이다. 이 책을 보고 계신 나의 독자님들과 작가인 나 자신, 그리고 주위의 모든 인간들은 울면서 지구에 첫 발걸음을 내딛었고 햇살을 맞이하였다.

인간은 누구나 이전에도 이후에도 없는 유일무이(唯一無二)한 보석으로, 지구라는 행성이 지닌 역사의 한 부분이다. 때문에 시인 소로는 "인생은 짧고 다시 되돌릴 수도 없다. 하지만 우리는 삶의 순간순간마다 존재의 경이로움에 놀라며 삶의 의미를 맛볼 수 있다. 이 얼마나 소중한 시간들인가?"라고 말했다.

그런데 지난해 경찰관인 지인 동료 몇 명이 다른 세상을 스스로 택하여 우리에게 슬픔을 주고 떠나 우리에게 많은 충격을 주었다. "왜 그분들은 그 길을 택해야 했을까?"라고 스스로 자문자답해 본다.

자신의 운명은 자신이 선택하는 것이 정답이지만, 인간이 스스로, 또는 타인에 의해 목숨을 잃는 것은 신의 영역에 도전하는 모순된 행동이라고 나는 주장하고 싶다.

삶이란 인간이 이 지구상에 손님으로 와서 인생이란 길을 여행하는 과정으로, 그 과정을 즐겨야 인간다운 인생이야기를 후세에게 남겨 줄 수 있다.

유한한 세월을 살고 나면 신이 정한 인생길의 종착지에 자연스럽게 도착하는데, 앞으로 중도에 삶을 포기하는 사람이 없도록 같은 시대를 사는 동지로서의 사명감을 절실히 통감하기에 원래 계획된 출간 순서를 조정하여 이 책을 집필한다.

이 책을 통해 이 지구의 모든 분들에게 '지존감'을 높여주고 삶에 힘을 주고자하는 작가의 소박한 마음과 희망을 전한다.

'인생에서 정답은 없다(There is no one right answer in life).'라고 많은 성인들이 말씀하셨다.

꿈이 있어 행복하고 그 꿈을 실천하여 더욱더 아름다운 주인공이란 자부심을 갖고 지구에 아름다운 흔적을 남겨 후세에게 긍정적인 대한민국을 만들어 주는 선두주자로서의 역할을 천명으로 알고 노력한다.

'오늘은 어제 가신 분들이 절실히 원하던 그 날'이란 것을 명심하면서 사랑과 열정으로 지금의 나와 내 이웃을 내 몸 같이 사랑하며 이 몸에 깃든 '행복의 기'를 모든 분들에게 전한다.

부(富)의 부족함, 배움에 대한 갈구, 타인과의 비교 등, 어느 누구라도 100% 만족하는 인간은 없다. 인간은 신이 아니다. 만약 신이였다면 저

높은 경지에 다다라 모든 것을 비우고 만족할 수 있을 것이다.

허나 이러한 삶속에서 단 하나 똑같이 공평한 것이 있다. 많이 배운 자도, 못 배운 자도, 백만장자도, 가난한 자, 지위가 높은 자, 낮은 자 등 수많은 인간들이 살아가고 있음에도 누구에게나 하루 24시간 똑같이 주어지는 '시간'이 바로 그것이다.

우리가 살고 있는 지구는 1시간이 60분이고, 24시간이 하루이며, 한 달은 평균 30일, 일 년은 365일이다. 하지만 하루가 24시간이란 사실에 사람들은 모두 불평등하다고 생각하며 살아간다고 한다. 그러나 나부터 세상의 불평등에 비중을 두었음을 인정하며 항상 반성하고 개선하려고 노력한다.

알렉스 퍼거슨 축구감독(맨체스터 유나이티드)은 "트위터는 인생의 낭비다. 우리는 살면서 더 많은 것들을 할 수 있다. 차라리 독서하기를 바란다."라고 말했다.

돈을 낭비하면 그저 돈이 없어질 뿐이지만, 시간을 낭비하면 인생의 일부를 잃게 된다. 우리의 삶은 결국 시간이다. 정확히 얼마가 될지는 아무도 모르지만, 남은 시간이 정해져 있다는 사실만큼은 분명하다.

힘들고 어려운 시기가 지나면 행복한 시기가 찾아오고, 행복한 시기가 지나 다시금 어려운 시기로 접어들기도 한다. 이렇듯 반복되는 어려운 시기와 행복한 시기를 얼마나 줄이고 늘리느냐는 온전히 자신의 몫이다. 아무런 노력도 하지 않고 자포자기한다면 어려운 시기가 오래 지속될 것이고, 겸손과 끈기를 갖고 노력하면 행복한 시기가 더 길어질 수 있다.

따라서 어려운 시기와 행복한 시기를 얼마나 줄이고 늘리느냐는 자신의 몫이며 독서의 최종 종착지는 '책 쓰기'라고 감히 말한다.

나를 비롯하여 수많은 사람들은 운명이 있는지 없는지, 그리고 만약 있다면 나의 운명은 어떠한지 항상 궁금해 한다.

하지만 태어날 때부터 작가가 된다고 정해져 있다면, 그 또한 매우 불공평한 세상이라고 말할 수 있다. 물론 그렇게 태어난다는 생각을 가진 사람을 찾기도 쉽지 않을 것이다.

이름을 알리는 작가가 되기 위해서는 하루빨리 세상에 내 이름으로 된 책을 탄생시켜야 하고, 지속적으로 권수를 늘려나가며 영향력을 키워나가야 한다. 당신의 수많은 '분신'인 책이 세상에서 당신 대신 일하는 시스템을 구축하면, 현재의 불안과 불만에서 탈출할 수 있다.

그러나 첫 책을 쓰는 초보 작가의 심정은 겪어보지 않으면 상상하기 어려울 정도로 수많은 심적 장애물로 가득하다. 때문에 책 쓰기를 시작도 못하고 생각만하다가 시간만 보내는 경우가 빈번하다.

책을 쓴다는 것은, 다시 말하면 작가라는 이름을 얻는 것이다. 조상이 지어주신 나만의 이름, 그 이름을 빛내고자 책을 하나 써 보겠다고 생각했던 적이 누구나 한 번쯤은 있을 것이다.

그러나 현실적으로 책을 출판하고 작가라는 이름을 얻는 사람은 그리 많지 않다. 책을 써 보겠다고 생각했던 많은 사람들이 왜 첫 번째 책도 출간하지 못하고 중도에 포기할까? 그 의문을 함께 공유해보고자 한다.

무슨 일이든지 시작하기가 어려워 망설이다가 아까운 시간만 허비하는 경우가 빈번하다. 아리스토텔레스가 말했듯, '시작이 반이다.' 일단 무슨 일이든지 시작하면 반쯤은 이루어 놓은 것이나 다름없다는 뜻이다. 원하는 것을 이루기 위해서는 이미 이루어진 것처럼 생각하고 행동하면 된다. 그러면 반드시 이루어진다는 것을 우리는 이미 알고 있다.

"당신이 할 수 있다고 생각하면 할 수 있고, 할 수 없다고 생각하면 할 수 없다."고 미국의 기업가 헨리포드가 말했듯이 책을 쓰는 것은 내가 아니다.

'오랜 세월동안 내 몸과 마음에 전해오는 조상들의 DNA가 나를 지금까지 이 자리에 있게 한다.'라는 명예와 자부심을 잊지 말고, 당신만의 책을 출간하여 책을 쓴 뒤 달라진 인생을 살아야 할 의무와 책임이 당신에게 있다는 것을 명심하자.

2018. 5.
우주CEO **이대성**

차/례

프롤로그 ··· 04

1장
마당쇠를 탈출하려는 당신, 책을 써라

경찰교육원 교수에서 작가의 길을 선택하다 ··· 14

하루 24시간은 누구나 똑같이 주어진다 ··· 20

매일 시간이 없다는 핑계로 사는 우리에게 ··· 24

지금 불만족스럽게 사는 데는 다 원인이 있다 ··· 29

태어날 때부터 작가인 사람은 없다 작가는 만들어진다 ··· 33

우리가 책 쓰기를 어려워하는 이유 ··· 40

삶이 변화되기를 바란다면 책을 잡아라 ··· 47

당신이 진정으로 원하는 삶은 따로 있다 ··· 54

직장인은 생로병사가 많다 ··· 58

2장
나를 다시 태어나게 하는 하루 45분 책 쓰기

스스로의 인생을 낮추지 말자 ⋯ 64

글을 쓰는 것보다 작가가 되는 길을 배우자 ⋯ 70

하루 딱 45분만 책 쓰기에 집중하자 ⋯ 76

당신의 경험은 세상에 하나밖에 없는 귀한 보물이다 ⋯ 82

책 쓰기는 성공한 사람들의 필수 코스다 ⋯ 88

독자로서 독서하기보다 작가로서 생존하기 위한 독서를 하자 ⋯ 93

직장이 싫어도 작가가 될 때까지 버텨라! ⋯ 99

파도가 무서워도 항해를 하지 않으면 안 된다 ⋯ 102

나의 브랜드화, 책임은 나에게 있다 ⋯ 107

3장
2개월 투자하면 책 한 권의 저자가 된다

나의 장점, 단점, 경력이 한 권의 책이 된다 ⋯ 114

2개월 투자하면 책 한 권의 저자가 된다 ⋯ 121

독자의 니즈를 찾아 독자의 입장에서 써라 ⋯ 126

제목이 베스트셀러를 좌우한다 ⋯ 133

책의 목차는 집의 기둥과 골격이다 ⋯ 139

책을 쓰고 싶으면 경쟁도서를 파헤쳐라 ⋯ 144

내 책을 더욱 빛나게 해줄 사례를 찾아라 ⋯ 149

초고는 걸레이지만 탈고, 교정으로 다시 태어난다 ⋯ 155

자기만의 노하우로 책을 완성하라 ⋯ 160

4장
한 권의 책이 당신의 인생을 변하게 한다

지금보다 절대 시작하기에 늦은 때란 없다 ··· **168**

첫 문장을 쓰는 순간, 꿈의 변화가 시작된다 ··· **174**

저서는 독자의 꽃이 되고 고객과 부를 불러온다 ··· **180**

조상의 위대한 가치가 당신의 이름에 있다 ··· **185**

모든 일에서 우선순위를 책 쓰기로 정해라 ··· **192**

저서가 쌓일수록 당신의 인생자본도 늘어난다 ··· **198**

꿈을 성취하기 위해 당신에게 아낌없이 투자하라 ··· **204**

이 책을 보는 순간 당신은 이미 작가다 ··· **209**

급변하는 대한민국에서 살아남기 ··· **219**

5장
호랑이는 가죽을, 작가는 내 이름의 책을 남긴다

모든 방법으로 나를 노출시키자 ··· **226**

나는 이 지구상에 유일한 존재이다 ··· **231**

언론사는 당신의 기사를 원한다 ··· **237**

그대의 종이와 연필을 사랑하자 ··· **244**

이 세상을 사는 만큼 글을 쓴다 ··· **250**

유명해지면 돈으로 살 수 없다 ··· **256**

첫 마음을 항상 기억하자 ··· **261**

꿈을 멈추면 당신 인생도 멈춘다 ··· **267**

책을 쓴 뒤 달라진 인생을 살아라 ··· **274**

에필로그 ··· **280**

1장

마당쇠를
탈출하려는 당신,
책을 써라

경찰교육원 교수에서
작가의 길을 선택하다

위대한 사람은 절대로 기회가 부족하다고 불평하지 않는다.
— 에머슨 —

나는 충남 아산에 위치한 경찰교육원 교수요원으로 근무하면서 나 자신의 비전과 정체성에 대해 수시로 자문자답하는 경우가 빈번하여 특별한 답이 보이지 않을 때에는 긴 밤을 꼬박 지새우는 날도 많았다. 하지만 그때마다 마음을 차분히 가라 앉히고 하나하나씩 헤쳐 나가기 시작했다.

"그래, 오늘부터 다시 시작하는 거야."
구약성경(욥기 8장 6-8절 말씀)에 "내 시작은 미약하였으나 그 끝은 창대 하리라."라는 구절을 되새기어 보았다.

문득 정체성 찾기(Who am I?) 즉 '나는 누구인가?'란 구절을 떠올리면 서 지난주 나와 같은 아파트에 사는 초등학교 저학년 학생이 엘리베이 터에서 나에게 이야기한 구절이 떠올라 소개한다.

어느 날 아기 배추가 엄마 배추에게 물었다.

"엄마! 나 배추 맞아?"

이에 엄마 배추가 바로 대답했다.

"그럼. 당근이지!"라고.

그러자 엄마 배추의 답변을 들은 아기 배추는 자기 가방을 챙긴 후,

그 후로 집을 나가서 돌아오지 않았다.

인터넷상에서 유행하는 "네 가지를 인정하면 인생살이가 한결 수월하다."는 네 가지 소중한 지혜를 살펴보면, 첫 번째 제행무상(諸行無常: 태어나는 것은 반드시 죽는다. 형태 있는 것은 반드시 소멸한다), 두 번째 회자정리(會者定離: 만나면 헤어짐이 세상사 법칙이요 진리이다), 세 번째 원증회고(怨憎會苦: 미운 사람, 싫은 것, 바라지 않는 일, 반드시 만나게 된다), 마지막으로 구부득고(求不得苦: 구하고자, 얻고자, 성공하고자, 행복하고자 하지만 세상살이가 그렇게 만만치 않다)가 있다.

내가 이 세상에 살아가면서 나름대로 꿈을 이룬 것들이 있는데 그 첫 번째가 흡연으로 건강과 돈을 낭비하던 습관(하루에 담배를 3갑 피움)을 과감히 떨쳐 버리고 담배와 이별을 통보한 것으로 금연을 한 기간이 아들의 나이와 같은 27년이 되었다.

두 번째는 실업계고등학교 출신으로 3년 동안(7전 8기) 도전하여 경찰교육원 교수로 임용되어 교직원들이 의지의 한국인 입성이란 환호를

하며 기립 박수를 받은 것이다.

세 번째는 많은 경찰관들이 로망으로 생각하는 경찰교육원 교수요원 자리를 과감히 포기하고 만 2년 반이란 인고의 시간을 투자하여 작가로 거듭난 일이다.

지금까지 살아오면서 수많은 사연을 만들었지만 그래도 표면상으로 내보일 수 있는 것 중에 대표적인 것이 위의 세 가지다. 때에 따라, 또는 보는 방향에 따라 다른 것들이 더 중요할 수도 있지만 이 책에서는 이것을 표현하고자 한다.

일본의 관상어 중, '코어'라는 잉어가 있다. 이 잉어를 수족관이나 연못에 넣어 키우면 5~8㎝만 자라지만, 더 큰 수족관이나 연못에 넣어주면 15~20㎝까지 자란다고 한다. 그리고 이 관상어를 강물에 넣어주면 무려 90~120㎝까지 자란다고 한다.

이것처럼 꿈은 '코어'가 처한 환경과 같다. 더 큰 꿈을 꾸면 더 크게 이룰 수 있고, 어떤 어려움과 장애물도 꿈이 크다면 사소하게 보여 쉽게 이겨 낼 수 있을 것이다.

성공은 항상 커다란 꿈과 함께 큰 강에서 키워야 한다. 큰 강에서 키울수록 더 크게 자라는 '코어'처럼, 보이는 것보다 더 큰 환경을 만든다면 작은 세계에서 숨 쉬고 활동하는 물고기가 보다 더 큰 대어가 될 수 있다.

일본 초기 근대 역사를 살펴보면 도요토미 히데요시가 일본의 전국

시대를 종식시키고 일본을 통일하였으나 완벽한 통일은 이루지 못하여 전국의 일족들은 어느 정도 군사력을 보존하고 있는 상태였다.

때문에 이들의 힘을 약화시키고 관심을 외부로 돌리기 위해 조선을 침략하여 임진왜란을 일으켰다는 것은 역사를 통해 익히 알고 있는 사실이다.

우리 한국인은 평균 3년마다 전쟁을 경험한 뼈아픈 역사를 가진 민족이다. 이 때문인지 성격이 급하고 남의 말을 끝까지 들어주지 못한다. 또한 반도국가(이탈리아, 스페인)의 특성상 열정적이고 단합이 잘된다.

이러한 민족 특성의 단점을 장점으로 전환하여 긍정적인 의식을 통해 현재 우리나라에서 사회적 문제를 일으키고 있는 물질 만능주의로부터 전 국민이 탈피해 당장 눈앞의 이익에 연연하지 않고 보다 더 멀리, 더 높이, 더 크게 목표를 설정하는 안목을 갖도록 하여 지금보다 삶의 만족도를 높이는 것이 과제이다.

지금 우리나라는 전쟁의 환란 속에서 삶의 터전을 일구었다며 물질주의를 우선하는 장년층과 물질 및 정신주의가 병행되어야 한다고 주장하는 중년층, 디지털 문화 속에 빠져있는 청소년층 간의 소통, 경청, 배려가 절실히 부족하여 세대 간의 단절 사례가 사회 곳곳에서 발생하고 있다.

'인생에서 정답은 없다(There is no one right answer in life).'라고 많은 성인들이 말씀하셨다.

꿈이 있어 행복하고 그 꿈을 실천하여 더욱더 아름다운 주인공이란 자부심을 갖고 지구에 아름다운 흔적을 남겨 후세에게 긍정적인 대한민국을 만들어 주는 선두주자로서의 역할을 천명으로 알고 노력한다.

오늘은 어제 가신 분들이 절실히 원하던 그 날이란 것을 명심하면서 사랑과 열정으로 지금의 나와 내 이웃을 내 몸 같이 사랑하며 이 몸에 깃든 행복의 기를 모든 분들에게 전한다.

만족이란 마음이 흡족하거나 모자람이 없이 충분하고 넉넉한 것을 뜻하는 말이다. 그리고 사람들은 언제나 이 만족을 얻기 위해서 살아가고 있다. 다만 이게 안 좋은 쪽으로 가면 자기만족이 되어 가장 높은 자리에 오른 뒤 허망할 수 있으니 조심해야 하겠다.

세상에는 물리적인 제약이 많다. 선택의 한계에 절망하고 선택의 갈림길에서 방황하며 성공과 실패를 반복한다.

경찰교육원교수란 위치는 경찰관들에게는 로망이라고 한다. 14만 명이 넘는 경찰관 중에서 50명 정도의 소수정예교수가 되기 위해서는 남다른 노력이 필요하다. 나는 실업계고등학교를 나와 제때 대학진학을 못했지만 만학도로서 뜻을 펴기 위해 학업을 게을리하지 않았다.

어려운 여건과 환경을 극복하고 사연 많은 경찰교육원교수로 임용되어 2년을 근무하고 새로운 길을 위해 현장으로 복귀하여 작가의 길을 선택했다. 지금은 미흡하게 보일지라도 머지않아 경찰관들의 꿈을 키워주는 데 이바지할 것이다.

프랑스의 사상가이자 작가인 장 폴 사르트르 "인생은 B(irth)와 D(eath) 사이의 C(hoice)이다."라고 말했다. 즉 인생의 성공을 남들의 평가에 의존하지 않는다는 것이다.

하지만 많은 사람들이 성공의 기준을 다른 사람의 눈에서 찾는다. 목적과 계획 없이는 하루를 시작하지 않는다. 문제가 아니라 해결책을 본다. 웃음과 칭찬의 힘을 믿는다. 변화에 저항하지 않는다.

"알기 때문에 쓰는 것이 아니라 쓰기 때문에 참으로 알게 된다. 책을 쓴다는 것은 가장 잘 배우는 과정 중의 하나다."라고 고(故) 구본형 작가는 말했다.

우리의 삶은 시시각각으로 봄철의 바람이나 여름철의 날씨처럼 변화무쌍하다. 나는 예측하기 어려운 '희노애락의 롤러코스터'를 타는 놀이 공원에서 아름다운 이 지구에 의미 있는 흔적을 남기기 위해 경찰교육원교수에서 작가의 길을 선택했다. 이런 나처럼 의미 있는 흔적 남기기 여행에 모두가 동참해주기를 진정으로 원한다.

하루 24시간
누구나 똑같이 주어진다

짧은 인생은 시간의 낭비에 의해 더욱 짧아진다.
— S. 존슨 —

부(富)의 부족함, 배움에 대한 갈구, 타인과의 비교 등, 어느 누구라도 100% 만족하는 인간은 없다. 인간은 신이 아니다. 만약 신이였다면 저 높은 경지에 다다라 모든 것을 비우고 만족할 수 있을 것이다.

허나 이러한 삶속에서 단 하나 똑같이 공평한 것이 있다. 많이 배운 자도, 못 배운 자도, 백만장자도, 가난한 자, 지위가 높은 자, 낮은 자 등 수많은 인간들이 살아가고 있음에도 누구에게나 하루 24시간, 똑같이 주어지는 '시간'이 바로 그것이다.

우리가 살고 있는 지구는 1시간이 60분이고, 24시간이 하루이며, 한 달은 평균 30일, 일 년은 365일이다. 하지만 하루가 24시간이란 사실에 사람들은 모두 불평등하다고 생각하며 살아간다고 한다.

나부터 세상의 불평등에 비중을 두었는데, 나와 같은 생각을 가진 지구인들이 많은 모양인지 네덜란드 비영리단체인 '마스 원(Mars One)'이 추진하는 화성 인공도시 건설에 따른 이주 희망자 모집에 보름 동안 약 7만 8천여 명이 지원했고, 신청 응모자만 20만 명에 이를 만큼 관심을 끌었다.

마스 원은 이 중에서 후보자 1,058명을 발표한 바 있다. '마스 원'은 2018년부터 사업을 진행하고 있으며, 오는 2023년 편도 비행으로 화성 이주를 시작할 계획이다. 이 사업은 화성 여행이 아니라 이주를 목표로 하고 있다.

인간이 달에 착륙한 지 49년이 넘었지만 아직 화성을 밟아본 적은 없다. 그러나 화성에 잠시 들리는 것이 아니라 그곳에 정착해서 영영 돌아올 수 없다는 것, 즉 생명을 담보로 이주를 하는데 '목숨을 걸고 갈 만한 가치가 있느냐?'라는 의문을 갖게 한다.

미래를 예측할 수 없는 여건임에도 이 지구의 삶에 대한 불만족인지 아니면 새로움을 갈구하는 모험 정신인지 1999년 노벨상 수상자인 네덜란드의 물리학자 헤라르뒤스 후프트를 포함하여 수많은 지원자들이 쇄도했다.

이렇듯 보통 사람들의 생각으로는 이해하기 어려운 아이러니한 상황이 발생하고 있는 현실이다.

우리는 이 아름다운 지구에서 태어나 삶을 시작한 사람들이다. 이 책을 보고 계신 나의 독자님들과 작가인 나 자신, 그리고 주위의 모든 인간들은 울면서 지구에 첫 발걸음을 내딛었고 햇살을 맞이하였다.

인간은 누구나 이전에도 이후에도 없는 유일무이(唯一無二)한 보석으로, 지구라는 행성이 지닌 역사의 한부분이다. 때문에 시인 소로는 "인생은 짧고 다시 되돌릴 수도 없다. 하지만 우리는 삶의 순간순간마다 존재의 경이로움에 놀라며 삶의 의미를 맛볼 수 있다. 이 얼마나 소중한 시간들인가?"라고 말했다.

물론 화성은 제2의 지구라고 불릴 만큼 지구와 유사한 특징을 많이 가지고 있다. 자전주기와 자전축 기울기가 지구와 매우 흡사한 행성으로 화성의 하루는 지구와 비슷한 24.5시간이며 1년은 687일이다.

거기에 화성도 지구처럼 자전축이 기울어져 있어 계절의 변화가 있으며, 포보스와 데이모스라는 2개의 작은 위성을 거느리고 있다.

다만 크기가 지구의 1/2 정도(지름)에 불과하고 무게는 1/10에 불과하므로 작용하는 인력 또한 지구에 비해 작다.

또한 대기는 옅은 이산화탄소로 되어 있어 사람이 살 수 있는 환경은 안 된다. 또한 평균 표면대기 온도가 -23℃이기 때문에 지구에서 살던 것처럼 살 수는 없다.

몇 년 전 취업포털 '잡코리아'에서 재미있는 설문조사를 했는데, 남녀직장인 1695명을 대상으로 '체감하는 시간속도'에 대해 답해 달라는 설문조사였다. 그 결과 최고속력을 시속을 100㎞로 봤을 때 직장인들이 체감하는 평균 시간속도는 시속 69㎞로 나타났다고 한다.

이러한 결과는 내가 평소에 생각했던 나이별 체감속도인 10대는 10㎞, 60대는 60㎞와는 완전 상이한 결과였다.

『뇌』(2003년 9월 호)에 실린 「나이 들수록 빠르게 흐르는 시간의 비밀」을 보면, 인간은 1~30세까지 느끼는 체감시간보다 30~60세에 느끼는 체감시간이 거의 두 배 수준으로 빨라진다고 한다.

7살짜리에게는 1년이란 시간이 인생의 7분의 1이라 그만큼 길게 느껴지지만, 50살인 사람에게는 인생의 50분의 1에 불과하기 때문에 상대적으로 시간이 짧게 느껴진다는 것이다.

또한 강렬한 기억의 양이 많아질수록 시간이 느려진다고 하니, 경험이 적은 어린 나이일수록 체감시간이 느려질 수밖에 없을 듯하다.

시간은 돈, 동시에 시간은 재산이다. 다른 재산들과 마찬가지로 시간 역시 노력을 들이지 않으면 가치를 갖지 못한다.

"시간을 지배할 줄 아는 사람은 인생을 지배할 줄 아는 사람이다."라는 에센바흐의 말 역시 이러한 시간 활용법에 대한 지혜를 설명해 주고 있다.

하루 24시간은 누구나에게 똑같이 주어진다. 그리고 그 시간을 제대로 활용할 책임은 당연히 본인에게 있다.

내가 민원현장에서 겪은 경험상, 이 세상 또는 사회에 대한 불만을 토로하는 사람들 대부분은 본인이 시간을 제대로 활용하지 못하면서 항상 사회를 탓하거나 조상을 탓했다. 그런 모습이 너무나 빈번해서 마음이 편치 않았다.

우리가 책 쓰기를 해야 하는 이유가 바로 여기에 있다. 책 쓰기야 말로 평소에 노력을 게을리 하는 본인을 돌아보지 못하고 다른 누군가를 탓하는 어리석은 자가 되지 않는 방법이기 때문이다.

매일 시간이 없다는
핑계로 사는 우리에게

변명 중에서도 가장 어리석고 못난 변명은 "시간이 없어서"라는 변명이다.

— 에디슨 —

알렉스 퍼거슨 축구감독(맨체스터 유나이티드)은 "트위터는 인생의 낭비다. 우리는 살면서 더 많은 것들을 할 수 있다. 차라리 독서하기를 바란다."라고 말했다.

돈을 낭비하면 그저 돈이 없어질 뿐이지만, 시간을 낭비하면 인생의 일부를 잃게 된다. 우리의 삶은 결국 시간이다. 정확히 얼마가 될지는 아무도 모르지만, 남은 시간이 정해져 있다는 사실만큼은 분명하다.

힘들고 어려운 시기가 지나면 행복한 시기가 찾아오고, 행복한 시기가 지나 다시금 어려운 시기로 접어들기도 한다.

이렇듯 반복되는 어려운 시기와 행복한 시기를 얼마나 줄이고 늘리느냐는 온전히 자신의 몫이다. 아무런 노력도 하지 않고 자포자기한다면 어려운 시기가 오래 지속될 것이고, 겸손과 끈기를 갖고 노력하면 행복한 시기가 더 길어질 수 있다.

우리가 돈을 낭비하면, 딱 그 액수만큼의 가치만 낭비하게 된다. 그러나 낭비한 시간은 그 가치를 환산할 수가 없다. 평소 시간을 낭비하는 사람에게는 동전보다 못하다 여겨질 수 있지만, 시간을 잘 활용하는 사람에게는 훨씬 큰 가치를 지니게 된다.

시간을 소중히 다루고 그 가치를 잘 활용하기 위해서는 크고 작은 노력을 기울여야 한다. 기술이 발전하고 세상이 변하는 모습은 시간의 가치를 찾을 수도 있게 해주지만, 때로는 시간의 가치를 잊게 만들기도 한다.

시간을 일절 낭비하지 않고 활용하는 건 힘들고 어렵다. 반대로 시간을 낭비하게 만드는 유혹은 달콤하고 강력하다. 때문에 그런 유혹을 극복했는가는 스스로에게 던져야 할 중요한 질문이다.

요즘 SNS 상에서 유행하는 시간 활용법 14가지를 보면 다음과 같다.

1. 자질구레한 일에 헛된 시간을 허비하지 마라.
2. 일과 생활 모두 중요하다.
3. 성공은 8시간으로 결정된다.
4. 시간의 빈틈을 잘 활용하라.
5. 시간이 부족하면 가까운 일부터 하라.
6. 일찍 일어나는 습관은 불변의 성공비결이다.
7. 시간을 지키는 것은 곧 신용을 지키는 것이다.
8. 심사숙고하되 지나치진 마라.
9. 아주 짧은 시간도 아껴라.
10. 자투리 시간을 활용하라. 자투리 시간은 놀라울 정도의 집중력

을 확보해 준다.

11. 시간의 일부는 미래를 위해 투자하라.

12. 우물쭈물하면서 해야 할 일을 계속 미루지 마라.

13. 데드라인을 활용하라.

14. 최소의 시간으로 최대의 성과를 거둘 수 있는 방법을 생각하라.

책을 쓰기 전에 독서가 우선시 되어야 하는 것은 당연한 일이다. 때문에 지자체에서 모범적으로 독서 정책을 추진하는 사례를 아래와 같이 소개한다.

2012년 독서의 해를 맞아 전북 전주시에서는 책 읽는 사회 분위기 조성을 위해 2012년 4월 2일부터 10월 28일까지 30주, 210일간 전주시 제1회 독서마라톤대회를 진행했다. 이후 매년 독서마라톤대회를 실시하여 2017년에도 진행 중에 있다.

독서마라톤대회란 독서활동을 마라톤에 접목시켜 마라톤 1㎞를 책 1쪽으로 환산하여 경기 전에 설정한 독서량으로 완주하는 경기로서 대상자는 전주시 초등학생 이상, 일반시민, 시공무원이다.

종목은 3㎞, 5㎞, 10㎞, 하프코스(20㎞), 풀코스(42.195㎞) 등 총 5종목으로, 3㎞는 3,000쪽(1일 평균 독서량 14쪽), 5㎞는 5,000쪽(1일 평균 독서량 24쪽), 10㎞는 10,000쪽(1일 평균 독서량 47쪽), 하프코스(20㎞)는 20,000쪽(1일 평균 독서량 94쪽), 풀코스(42.195㎞)는 42,195쪽(1일 평균 독서량 199쪽) 분량의 책을 읽으면 완주 할 수 있다.

완주자에게 주어지는 혜택은 전주시립도서관 도서 대출 권수 확대(종목별 8~10권), 전주시 공무원 상시학습 인정, 1권당 3시간(최대 20시간) 등으로 전주시민 및 공무원들의 반응이 뜨거우며 전국의 지자체에게도 권유하고 있다.

이에 광주광역시교육청 역시 빛고을독서마라톤 추진위원회 주관으로 제11회 대회('16. 4. 8~11. 8)를 실시했다.

대상은 광주광역시교육청 관내 초·중·고등학생 및 일반 시민으로 참여 구간(코스, 완주중 부여기준 쪽)은 거북이 3~4,999km(3,000~4,999쪽), 악어 5~9,999km(5,000~9,999쪽), 토끼 10~14,999km(10,000~14,999쪽), 타조 15~21,096km(15,000~21,096쪽), 사자 21,097~31,645km(21,097~31,645쪽), 호랑이 31,646~42,194km(31,646~42,194쪽), 월계관 42,195km 이상(42,195쪽 이상)의 7구간이었다.

그렇게 진행한 독서 마라톤은 독서 일지 쪽수를 기준으로 거북이 코스 이상 기록자에 한하여 구간별 완주중 1매를 수여하는 행사를 마지막으로 성황리에 끝났다.

그 외에도 우당도서관독서마라톤(제주도), 광양시립도서관 독서마라톤, 이천독서마라톤, 대구독서마라톤, 부천, 용인, 양주, 광명, 동두천, 파주, 여주 등 지자체에서 독서마라톤대회가 시행되고 있어 바람직한 상황이라 생각하며, 많은 독서인들이 참여해 주기를 바란다.

수면 7시간, 근무시간 10시간, 출·퇴근 2시간 제외하면 남는 시간은 5시간, 그 외 잡무처리와 교통정체시간, 가사를 하는 시간을 빼면 우리나라 직장인들이 내 마음대로 쓸 수 있는 시간은 하루 평균 1~3시간 정도이다.

그러한 결과를 말해주는 것이 퇴근 후 1~3시간 활용하자는 문구의 책들과 영업용 멘트가 범람하고 있는 우리사회의 모습이다.

모든 사람에게 공평하게 주어진 하루 24시간을 어떻게 활용하느냐에 따라 당신의 운영이 좌우된다는 것을 당신은 이미 알고 있으나 업무에 지쳤다는 핑계로 스마트폰, TV에 매달리는 경우가 많을 것이다.

하지만 그런 경우 비전과 꿈은 어디에서 찾아야 할 지 의문이다. 퇴근 후 한 시간, 아니 30분만이라도 비전을 가지고 활용한다면 1년, 2년, 5년, 10년 후 인생이 크게 바뀔 수 있다.

인생은 한 번밖에 주어지지 않는다. 누구에게나 똑같이 주어지는 시간을 어떻게 살아가야 할지 정하는 것은 본인의 몫이다.

그러나 우리는 자신의 책임이라는 사실로부터 도망치기 위해 "매일 시간이 없다"는 핑계를 댄다. 그런 스스로에게 자문을 해봐야 하지 않을까? 시간을 얼마나 알차게 활용했기에 그렇게 '시간이 없다'는 말을 할 수 있는 것일까?

1분 1초를 아깝게 사는 인생을 살지, 그렇지 않고 남에게 피해를 주며 살아가는 인생을 살지는 본인의 선택이다.

지금 불만족스럽게 사는 데는
다 원인이 있다

가장 높은 곳에 올라가려면, 가장 낮은 곳에서부터 시작하라.

— 푸블릴리우스 시루스 —

우리네 인간은 하루 평균 무려 5만 가지나 되는 엄청난 양의 생각들로 머릿속이 꽉 차 있다. 대부분 '나'에 대한 집착적인 생각들이다. 이를 쉽게 풀어보면, 어떤 상황에 처했을 때 수많은 잡생각을 한다는 결론이 된다. 더욱 충격적인 것은, 많은 사람들의 머릿속을 차지하는 5만 가지 생각들 중 4만 9천 가지 이상은 부정적인 생각이라는 것이다.

이러한 영향으로 내가 몸담고 있는 직장을 비롯하여 많은 직장인들이 불만을 표출하고 있는 것이 우리나라의 직장인들의 현 주소이다.

2013년 4월 3일 〈천지일보〉 장수경 기자에 의하면 우리나라 30대 직장인 10명 중 8명이 현재 자신의 삶을 만족스러워하지 못하는 것으로 나타났다.

불만족의 이유는 '경제적 수준(55.2%)', '능력부족(44.5%)', '잠재적 실업(41.0%)' '가정문제(21.1%)' '부응에 부족(10.9%)' 순이었다.

또한 이런 불만을 가진 이들의 연봉수준은 2500만 원(48.7%), 3500

만원(36.3%), 4500만 원(11.0%), 5500만 원(3.0%), 5500만 원 이상(1.0%) 순이었고, 그런 그들이 희망한 연봉수준은 4500만 원(42.4%), 3500만 원(36.3%), 5500만 원(14.5%), 5500만 원 이상(5.3%), 2500만 원 사이(1.5%) 순으로 나타났다.

나 자신도 삶 속에서 불만인 경우가 만족스러운 경우보다 많다고 반성하는 삶을 살고 있다.

나를 포함하여 대한민국 국민들이 불만족스런 삶을 사는 이유는 다양하여 한 단어나 구절로 표현하기는 정말 어렵다. 지금 당장 나 자신도 스스로의 삶에 불만이 있지만 스스로를 다독이며 살고 있다.

그럼에도 불구하고 '인간은 태어날 때 집안과 부모를 잘 만나야하고, 배우자를 잘 만나야 하고, 자식을 잘 만나야 한다.'는 것을 실감하고 있다.

마태복음 제25장 제29절 '무릇 있는 자는 받아 충족하게 되고 없는 자는 그 있는 것까지 빼앗기리라.'는 구절은 '부익부(富益富) 빈익빈(貧益貧)', '부자일수록 더욱 부자가 되고 가난할수록 더욱 가난해진다.(The rich-get-richer and The poor-get-poorer)'는 의미를 가지고 있다.

때문에 사회과학자들이 부익부 빈익빈 현상을 설명하기 위해 자주 인용한다. 마태효과라는 명칭은 미국 사회학자 로버트 머튼에 의해 붙여졌으며 사회과학 모든 분야에 관찰되는 부익부 빈익빈 현상을 분석하고 설명하고 있다.

쌀 같은 먹을 것을 개인이 소유하기 시작하면서 부(富)가 생기고, 서로 필요한 것을 교환하기 위해 화폐가 탄생하자 이를 축적하는 사람이 나타나 개인차가 나타나기 시작했으며, 개인이 화폐를 다른 사람이나 자기 자식에게 주는 상속 등이 이루어짐에 따라 부의 개인차가 엄청나게 늘어나게 되었다.

이러한 부의 차이를 줄이기 위해 많은 사람들이 머리를 맞대고 아이디어를 냈다. 그리고 그 사람들이 만든 제도에 따라 사회주의, 자본주의 등 여러 형태의 체제를 가진 국가가 존재한다.

그러나 현재까지도 부익부 빈익빈은 심화되고 있다. 또한 '가난이 세습되는' 악순환의 고리를 끊지 못하는 병폐가 계속되고 있다.

소고기는 육질에 따라 1++까지 등급이 있다. 그런데 사람에게도 비슷한 것이 있다고 한다. 바로 인터넷 커뮤니티 등에 돌고 있는 '수저계급론'이다.

자산 20억 원 또는 가구 연 수입 2억 원 이상일 경우 '금수저', 자산 10억 원 또는 가구 연 수입 1억 원 이상일 경우 '은수저', 자산 5억 원 또는 가구 연 수입 5,500만 원 이상 일 경우 '동수저', 자산 5,000만 원 미만 또는 가구 연 수입 2,000만 원 미만인 가정 출신은 '흙수저'라고 한다.

미국의 산업심리학자 허즈버그(Herzberg)는 욕구충족 2원론을 다음과 같이 제시했다.

(1) 만족요인(Satisfier) - 직무상의 성취, 직무성취에 대한 인정, 보람 있는 직무, 책임, 성장 또는 발전 등

(2) 불만요인(Dissatisfier) - 조직의 정책, 감독, 보수, 대인관, 작업조
    건 등

지금 불만족스럽게 사는 데는 다 원인이 있다고 한다.

국가의 책임 아니면 본인의 책임.

그 해답은 본인 제일 잘 알고 있을 것이다.

그렇다고 괴로워하거나 불평하지 말라. "사소한 불평은 눈감아 버려라. 어떤 의미에서는 인생의 큰 불행까지도 감수하고, 목적만을 향하여 똑바로 전진하라."라는 고흐의 말처럼, 책 쓰기를 통해 당신의 운명을 변화시킬 수 있는 기회가 지금 바로 눈앞에 와있음을 잊지 말자. 그리고 실행하자.

태어날 때부터 작가인 사람은 없다
작가는 만들어진다

잔잔한 바다에서는 좋은 뱃사공이 만들어지지 않는다.
— 영국속담 —

나를 비롯하여 수많은 사람들은 운명이 있는지 없는지, 그리고 만약 있다면 나의 운명은 어떠한 지 항상 궁금해 한다.

하지만 태어날 때부터 작가가 된다고 정해져 있다면, 그 또한 매우 불공평한 세상이라고 말할 수 있다. 물론 그렇게 태어난다는 생각을 가진 사람을 찾기도 쉽지 않을 것이다.

이름을 알리는 작가가 되기 위해서는 하루빨리 세상에 내 이름으로 된 책을 탄생시켜야 하고, 지속적으로 권수를 늘려나가며 영향력을 키워나가야 한다. 당신의 수많은 '분신'인 책이 세상에서 당신 대신 일하는 시스템을 구축한다.

나는 평소에 항상 "호랑이는 죽어 가죽을 남기고, 사람은 죽어 이름을 남긴다(虎死留皮 人死留名)."는 말을 자주 생각한다. 이름 석 자는 자신의 '정체성'을 나타낸다. 그리고 이런 이름 중 시장에서 통용되는 이름을 '브랜드'라고 한다. 어떤 이름을 듣자마자 연상되는 누군가가 있다면, 그 사람은 브랜드를 구축하는데 성공한 것이다.

요즘은 책을 통해 자신만의 브랜드를 구축하는 사례가 많다. 이런 현상은 유명한 학자나 전문작가가 아닌 일반인들에게도 나타나고 있다. 평범한 직장인들이 책을 써서 스펙 인생이 아닌 스토리 인생을 살고 있다. 삶이 힘들다면 '스펙 인생'인 아닌 '스토리 인생'으로 전환해보자.

세계적으로 성공한 CEO로는 빌게이츠, 오프라윈프리, 젝웰치, 손정의 등을 손꼽을 수 있다. 이들의 공통점은 바닥부터 시작해서 거액의 부(富)를 성취한 것으로 유명하다는 것과, 자신들의 저서를 집필한 '저자'라는 것이다.

직접 집필한 책 덕분에 사람들에게 더 많이 알려졌고, 사업의 성공에 탄력을 줄 수 있었다. 이들이 자신의 성공 스토리를 많은 사람들과 공유하였기에 책 쓰기에 관심을 가지게 된 CEO들이 많지만, 정작 실행하는 경우가 많지 않은 것이 현실이다.

나도 2014년 2월 경찰교육원 교수를 뒤로하고 일선현장으로 복귀하여 30개월이란 길지도 짧지도 않은 시간 동안 지역 경찰업무와 병행하면서 『위대한 고객(KingPin Customer)』을 세상에 내놓았다.

초고를 쓰면서 느낀 점이 많지만 그 중에서도 '세상에는 공짜가 없다.'는 것을 실감하였고, 또한 이상과 현실은 극명한 차이가 있다는 것을 몸소 체험하게 되었다.

이 경험은 농부가 봄에 밭에 씨앗을 뿌리고 가을에 추수하는 과정과 별반 다르지 않다. 그만큼 책을 쓰는 과정에는 많은 어려움이 있다.

그러나 책 쓰기가 자신을 위한 최고의 투자라고 여기고 우선순위에 놓고 몰입하면 할 수 있다.

천문, 지리, 자연, 역사, 과학, 인문 등 다양한 분야의 세계 기록을 기술한 책인 기네스북에 역사상 가장 많은 책을 낸 사람으로 등재된 사람은 남아프리카공화국 작가인 마리 포크너(Mary Faulkner, 1903-1973) 부인으로 904권의 책을 쓴 소설가이다.

캐서린 린지라는 이름을 포함한 6개의 필명으로 작품 활동을 하였다. 그녀의 대표작으로는 『There Is No Yesterday』, 『Wind of Desire, and Harvest of Deceit』 등이 있다.

또한 세상에서 책을 가장 많이 쓴 작가는 잉글랜드 로맨스 소설가 바버라 카틀랜드(1901~2000)이다. 대중적인 인기 소설가로 평생 동안 723권의 책을 썼다. 그녀의 작품들은 38개 언어로 번역되어 전 세계적으로 10억 부가 넘게 팔린 베스트셀러이기도 하다.

그녀는 6명의 비서들이 받아 적는 방식으로 작품을 1977년까지 매년 10권을 써냈다. 매년 10권을 쓰는 것도 어려운 일이건만 그녀는 1978년부터 20년 동안은 한해평균 20권씩을 출판했다.

1993년에는 26권을 출판해 기네스북에 등재되었으며, 2000년에 그녀가 사망할 때 그녀의 서재에는 출간을 기다리는 원고가 160개나 남아 있었다.

기네스북에 등재된 그들도 삶속에서 많은 어려움을 겪었을 것이다. 그 모든 장애물을 극복하고 세계적인 기록을 성취한 그들에게 찬사를 보내며, 요즘 SNS상에서 유행하는 "20대에 세계적으로 성공한 CEO들의 공통적인 10가지 특징"을 살펴본다.

1. 행동이 빠르다.
2. 강한 팀을 구축한다.
3. 자신의 성공을 활용한다.
4. 자기 생각을 밀어붙일 줄 안다.
5. 큰 그림을 그린다.
6. 자신의 열정을 따라간다.
7. 정확한 초점을 지니고 있다.
8. 항상 학습한다.
9. 교육의 중요성을 안다.
10. 실패를 두려워하지 않는다.

우리나라와 제일 가깝고 밀접한 나라인 일본에서도 한 분야에서 10년 넘게 일한 직장인들이 책을 출간하는 것이 최근 붐이라고 한다. 이러한 직장인들의 책 쓰기 열풍은 국내에도 많은 영향을 주고 있다.

업무에 대한 전문성과 자기만의 노하우를 가진 사람들이 자기분야에서 성취한 것들을 책으로 출간함으로써 경험을 공유한다는 것이 독자들에게 많은 공감을 받고 있다.

자신의 책을 출간함으로써 자신의 분야에서 전문성을 인정받는 것은, 자신의 브랜드 가치를 높이고 싶은 직장인들을 위한 최고의 선택이다. 내 주위에는 직장생활과 병행하면서 자신의 책을 써서 인생의 터닝 포인트를 맞이한 저자들이 많다.

이처럼 책 쓰기는 비용을 적게 투자하여 나를 알릴 수 있고 객관적인 전문성을 인정받을 수 있는 최선의 방법 중 하나라고 본다.

오늘은 야간 근무일이라 2시에 기상하여 이 시간 서재에서 이 글을 쓰고 있다. 즉 내 업무에 충실하면서 자투리 시간을 활용해 내가 하고 싶은 것을 하고 있는 것이다.

그렇기에 행복감과 성취감을 높일 수 있고, 또한 이 책이 완성되는 순간 그 분야의 전문가로 인정받을 수 있는 일석이조의 효과를 볼 수 있다.

평소에도 책 쓰기 자료를 수집하기 위해 업무 중 사례 등을 메모하고, 인터넷이나 신문, 잡지, 광고지, 광고물, TV를 보더라도 내 책과 관련된 주제나 소제, 콘셉트, 사례 등을 찾는 데 온 정신을 집중하며 생활하고 있다.

또한 내 책을 완성해야한다는 동기, 그리고 목표와 비전이 있기에 다른 사람들로부터 눈에서 광채가 반짝인다는 이야기를 많이 듣는다.

지금 이 글을 보시는 독자분 역시 자신의 일과 관련된 책을 쓰겠다는 생각이 들었다면, 당장 눈에 보이는 것과 머리로 생각하는 것이 이전과는 확연히 변했을 것이라 확신한다.

내 책을 쓰려는 사람이라면 다른 작가의 책을 많이 읽고 그 작가의 생각과 의도를 배우고 파악하는데 집중할 것이며, 책을 쓰기 위한 콘셉트와 사례를 찾기 위해 주위를 집중해서 돌아보기 시작하면 눈빛이 확연히 변한다.

이러한 과정을 거쳐 자기 업무에 대한 책을 한 권 출간한다면, 그 분야의 전문가로 거듭나는 계기가 된다.

우리가 평소에 접하는 책 한 권에는 그 작가의 20년 인생이 담겨 있다고 생각한다. 또한 독서는 인류 역사상 가장 훌륭한 스승들에게 배우는 과정이며 책을 읽음으로써 생각과 깨달음을 얻고, 그렇게 축적한 지식이 내 삶에 선한 영향력을 준다는 것을 실감했다.

때문에 나 자신도 오래 전부터 1일 1권 독서를 생활화하기 위해 노력하고 실천해 왔다. 그리고 독서의 최종 완성은 '책 쓰기'라고 감히 말하고 싶다.

"책을 쓴다."는 것은 "또 다른 삶을 사는 것"이라 본다. 책을 쓰기 위해 주제를 찾고, 분석하고, 콘셉트를 녹이고, 많은 자료를 모으고, 그 자료를 분석하여 기록하는 과정은 절대로 쉽지 않다.

수시로 읽고 생각하고 기록하는 생활을 꾸준히 해야 하기에 굳은 의지와 타오르는 열정, 그리고 강인한 체력이 요구된다.

다산 정약용 선생 역시 책 쓰기의 학습효과가 얼마나 큰지 잘 알고 있었다. 그는 아들이 닭을 친다고 하자 편지에 "양계도 등급이 있다. 제대로 키우려면 관련된 책을 읽고 배운 지식을 토대로 면밀히 살펴 부지런히 키워라. 그리고 얻은 경험을 책으로 써라."라고 말했다.

"사람이 위대하게 되는 것은 노력에 의하여 얻어진다. 문명이란 참다운 노력의 산물인 것이다."라고 스마일즈가 말했듯이, "태어날 때부터 작가인 사람은 없다. 작가는 만들어진다."는 것을 잊지 않고 노력하면 누구나 작가가 될 수 있다는 것을 다시 한 번 돌이켜보자.

우리가 책 쓰기를
어려워하는 이유

미지를 향해 출발하는 사람은 누구나 외로운 모험에 만족해야 한다.

— 지드 —

우리나라에서는 아이가 태어나면 금줄이라고 하여 남아일 경우에는 고추·짚·숯을, 여아일 경우 짚·숯·종이 또는 솔잎을 왼새끼로 꼬아 대문에 달고 다른 사람들의 출입을 막았다.

그 외에도 태어난 아기를 위한 의례에는 여러 가지가 있는데, 태어난 지 7일째 되는 날을 '한이레' 또는 '첫이레'라고 불렀다. 이때는 쌀깃(강보라고도 함)을 벗기고 깃 없는 옷을 입히며 움직이지 못하게 동여맸던 팔 하나를 풀어놓았다.

그 뒤 다시 일주일이 지나면 깃 있는 옷과 두렁이를 입히고 나머지 팔까지 풀어놓았다. 거기서 일주일이 더 지나면 비로소 위아래 옷을 맞춰 입히고 금줄을 거둔 뒤 이웃이나 친척들이 아기를 구경할 수 있도록 했다.

이렇게 세이레가 지난 다음 아기에게 찾아오는 가장 큰 의례는 역시 백일이다. 과거에는 의학적 지식이 부족하고 계절(季節)에 따른 기온의 변화와 알지 못하는 병으로 인해 영유아의 사망률이 대단히 높아 백일 안에 죽는 경우가 많았다.

그래서 예로부터 아이가 백일을 맞이하면 무사히 자란 것을 대견하게 여기며 가족들이 모여 잔치를 벌여 이를 축하해주었다. 어려운 시기를 넘기고 하나의 생명체로 존재할 수 있게 된 것을 축하한다는 뜻이었다.

아이가 태어난 집에선 친척과 이웃 등 손님들을 초대해 성대하게 접대했고, 손님들은 명(목숨)이 길어지라는 의미로 실이나 옷을 가져와 축하해주었다.

이처럼 가족의 한 구성원으로 인정하는 돌잔치는 예부터 관습처럼 행해진 축하행사였다. 왕실부터 서민층에 이르기까지 아이가 태어나면 멀고 가까운 친척들을 초대하여 잔치를 벌였고, 손님들은 여러 가지 선물을 가져와 아기의 장래가 밝기를 기원하며 축하해주었다.

이날 돌을 맞이한 집은 '돌떡'이라 하여 백설기나 수수팥떡을 만들어 손님과 이웃에게 돌렸다. 많은 사람이 나눠먹어야 아기에게 좋다고 여겼기 때문이다. 또한 떡을 받은 집에서는 빈 접시를 보내는 대신 실, 의복, 돈, 반지 등의 선물을 접시에 담아 보냈다.

이 세상에 태어난 아기는 1년 동안 알지도 못하는 숱한 병마와 싸워 이겨야 했고, 목을 가누고 일어서기 위해 수백 번을 방바닥과 충돌해야 했으며, 몸을 틀기 위해, 기어다니기 위해, 걸음마를 하기 위해, 말을 배우기 위해 엄청난 고난과 아픔의 시간을 견디어 왔다. 이것이 바로 삶의 스토리이다.

그리고 이 스토리는 사람들마다 다르기 때문에, 이것을 엮어서 쓰면 당신의 인생을 담은 책이 된다. 글을 보는 독자들도 공통적으로 그 시기를 경험했기에 공감이 가면서도, 당신만의 이야기가 녹아있어 흥미로운 그런 스토리를 담은 책이.

그렇다. 책은 이러한 나만의 스토리를 기록하는 것이다. 지금도 당신의 스토리를 기다리고 있는 독자들을 위해 당신만의 책을 써야한다.

만약 당신이 지금 20대라면, 1년의 스토리를 한 권 분량의 책이라 했을 때 20권 이상의 책을 만들 수 있다.

소재나 주제를 멀리서 찾지 말자. 가까운 곳에 무한한 자료가 있음을 깨닫고 그것을 찾아내기 바란다.

책 쓰기를 권하면 대부분의 사람들이 공통적으로 이렇게 말한다. "책한 권을 어떻게 쓰죠? 분량이 너무 많은데."라고. 당신이 책을 쓰고자한다면 먼저 "무엇을 쓸 것인가?", "어떤 장르를 쓸 것인가?"에 대해 고민해 봐야 한다.

나 또한 장르를 선택할 때 오랜 시간 망설였다. 시, 소설, 에세이, 동화, 인문, 자기계발, 자녀교육, 경제경영, 청소년, 아동, 외국어, 국어, 건강, 요리 등 다양한 장르가 우리의 판단을 흐리게 한다.

책을 처음 쓰려고 하는 사람의 경우 현재 자신의 모습과 과거의 흔적, 그리고 미래의 길을 냉철하게 분석하면 책의 방향성을 잡는데 많은 도움이 된다.

여태까지 축적된 경험과 지금하고 있는 업무, 취미 등에 대한 노하우를 쓰면 된다. 거기에 미래에 내가 하고자 하는 콘셉트(전문작가, 강연가, 코칭, 마케팅, 프로강사 등)를 중심으로 방향을 정해 쓰면 된다.

책 작업할 때마다 출판사는 대체적으로 원고지 1,000매 분량의 원고를 요구한다. 그 정도면 편집했을 때 300쪽 정도의 단행본이 나온다.

물론 경우에 따라서는 500쪽, 심지어 1,000쪽이 넘어가는 책도 있지만, 서점에서 이런 저런 책을 들춰 확인해보면 단행본 상당수가 300쪽 내외이다.

원고지 1,000장.

'적다면 적고 많다면 많다'고 생각되지만, 책을 한 권 쓰고 싶다는 열망이 간절하다면 '원고지 1,000장'이란 장벽은 반드시 넘어서야할 첫 번째 관문이다.

최근에는 원고지에 쓰는 경우가 드물고 대부분 A4 용지에 쓰는 추세로, A4 용지 1장(글자크기 10)이 원고지 8장 정도이니 원고지 1,000장을 A4 용지로 환산하면 125장 정도가 된다. 즉 A4 용지로 100장을 넘게 써야 책이 된다는 말이다.

책을 쓰는 데 있어 가장 중요한 것이 제목과 목차다. 보통은 제목을 정한 후 바로 목차를 정한다. 목차는 책의 설계도이기 때문에 책을 쓰기 전에는 반드시 목차를 정해야 한다.

목차를 만들지 않으면 글을 쓰기가 쉽지 않은 상황이 자주 발생하는데, 주제와 맞지 않은 방향으로 가다보니 책 쓰기 진도가 진행되지 않아 곤란한 경우에 처하거나 최악의 경우 책 쓰기를 포기하는 사태가 발생할 수 있다.

그만큼 목차는 그 책의 설계도이자 골격으로서 중요하다는 것이다. 대다수의 작가들이 "목차가 완성되면 책 쓰기 과정의 50% 정도는 끝난 것이다."며 강조하는 것이 현실이다.

에세이 『이동 축제일(A Moveable Feast)』에서 대문호 어네스트 헤밍웨이는 말했다.

"도스토옙스키에 관해 생각을 해 보았다."
내가 말했다.
"어쩌면 그렇게 형편없는 글, 믿기 어려울 정도로 형편없는 글을 써서 읽는 사람에게 깊은 감동을 줄 수 있는 걸까?"

실제로 도스토옙스키는 20년 넘게 글을 쓴 후인 40대 중반에도 평론가들로부터 이와 비슷한 평가, 즉 '너저분하게 쌓인 잡동사니 같은 글만 쓴다.'라는 말을 들었다.

그런데 이런 말을 한 헤밍웨이도 도스토옙스키와 별반 다르지 않다. 헤밍웨이 역시 무명작가이던 시절에는 '이런 글 실력으로는 절대로 작가가 될 수 없다'는 평가까지 받았던 것이다. 그의 글 실력이 얼마나 형편없었는지, '노인과 바다'를 200번 이상 고쳐 썼다는 말까지 있다.

500권 이상의 소설을 출간한 영국의 탐정 소설가 존 그레시 역시 처음에는 743번이나 출판을 거절당한 경험이 있다.

지금은 대문호로 알려진 이들도 처음엔 이런 평가를 받았다. 그러니 그 어떤 말도 두려워하지 말고 도전정신으로 무장해서 과감하게 글을 써라.

출판사의 거절은 내 경험과 연륜을 올려주는 당연한 절차라는 마음으로 거절당하는 걸 두려워하지 말고 당신만의 소중한 책을 위해 전념하라. 그리하면 거절당한 경력이 위대한 작가의 길로 안내해줄 것이다.

이 아름다운 지구의 『위대한 고객』으로 살아가면서 본인에게 해줄 수 있는 최고의 선물은 "신과 조상이 지어주신 당신의 이름으로 된 당신만의 책 한 권을 이 세상 사람들에게 보여주는 것"이라는 책임과 행복을 실천하여야 한다.

나의 꿈을 펼치고 후세들에게 희망찬 비전을 넘겨줄 수 있는 길은 도전하는 자에게만 열린다는 것을 잊지 말자.

지금 당신이 현실에 안주하며 어제와 별반 다를 바 없는 인생을 절망적으로, 희망 없이, 가슴 떨림도 없이 살아간다면 너무나 허무하게 시간을 보내고 있다는 사실에 한탄할 수밖에 없다. 그러니 가슴 떨리는 삶을 위해 당장 지금부터 도전하여 짜릿한 삶을 살자.

다른 사람이 책을 출간했다고 하면 보통은 건성으로 축하를 보내면서 속으로는 "시간이 되나보지.", "누가 도와주어서 썼을 거야."라고 생각한다. 그러면서 본인은 노력과 시도조차 하지 않고 "책 쓰기는 아무나 할 수 없는 특정인들의 영역"이라는 마음의 줄을 그어 놓는다.

이렇듯 우리가 책 쓰기를 어려워하는 이유는 우리의 마음속에 있다.

그런 여러분에게 마음의 문을 열고 나와 함께 책 쓰기에 도전해 보자고 감히 청한다. "해보기나 했어?"라는 고(故) 정주영 현대그룹 창업주의 말씀처럼.

삶이 변화되기를 바란다면
책을 잡아라

성공의 비결은 목적을 향해 시종일관하는 것이다.
— 디즈레일리 —

우리나라와 일본의 서점은 분위기가 180도 다르다고 누구나 이구동성으로 말한다. 정기적으로 도서를 구입하는 일이 없는 사람들마저 책을 구입하는 사람이 없다고, 독서 인구가 너무 적다고 한탄을 하는 시대에 우리는 살고 있다.

젊은 세대들이 삶을 등급으로 분류하게 된 이유는, '88만원·3포 세대' 등으로 불리며 사회에 섞이지 못한 2030 청춘들이 '노력해도 바뀌는 게 없는 현실' 속을 살아가고 있기 때문이다. 때문에 그들은 이러한 수저계급론을 들고 나왔다.

여건이 좋은 집안에서 태어난 사람은 고급 교육을 받아 다양한 어학 능력을 갖춰 취업에 유리한 반면, 금전적 여유가 없는 집안에서 태어난 사람은 아무리 공부를 해도 취직이 어렵고 학자금 대출 등으로 '하루하루 빚만 늘어난다.'라고 한탄하는 현실.

하지만 이럴 때일수록 '부모의 든든한 재력이 없다면 삶의 질을 보

장받을 수 없는 시대'를 한탄하고만 있을 것인지 깊이 생각해보아야
한다.

마이클 매스터슨(Michael Masterson)은 『경제적 자립을 위한 5가지 방
법(Automatic Wealth for Grads)』에서 부 창출을 위한 다섯 가지 방법을 소
개하고 있다.

첫째, 경력을 향상시키라 : 직장에는 평범한 직원, 뛰어난 직원, 소중
한 직원이 있는데 부의 창출을 위해서는 소중한 직원이 되어야 한다.
일의 양뿐 아니라 새로운 아이디어를 창출하여 회사에 기여하면 자연
스럽게 연봉이 높아진다.

둘째, 돈을 저축하고 복리를 활용하라 : 직장생활 시작과 동시에 규
칙적으로 매년 15%를 저축하고, 소득 증가에 맞춰 저축을 늘리면 평
범한 사람이라도 30년이면 백만장자가 될 수 있다.

셋째, 가장 높은 투자 수익을 제공하는 부동산을 매입하라 : 부동산
은 일주일에 한두 시간만 관심을 기울여도 언제나 높은 투자 수익을
창출할 수 있다. (하지만 지금 우리나라 부동산 시장은 좀 심각하다. 무리한 대출을
받아 부동산에 투자하는 일은 절대 없어야 한다.)

넷째, 주식 시장에 투자하라 : 주식시장은 해마다 10~13%의 성장
을 해왔다. 그러니 시장과 직접 대결하는 것을 피하고 시장 전체의 장

세를 반영하는 장기 투자를 해야 한다. 그러면 노력하지 않고도 연간 10~13%의 수익을 얻을 수 있다.

다섯째, 내 사업을 시작하라 : 직장생활을 하면서 내 사업을 시작해 이를 성장시키는 방법을 배워야 한다. 사업이 예상대로 성장하면 적당한 시기에 자신의 사업에 전념하면 된다.

대부분의 직장인들은 이미 이러한 지식을 알고 있다. 이 세상에 부자가 되기 싫은 사람은 없고, 돈 버는 방법을 몰라서 부자가 되지 못한 사람도 없다.

결국 사람들이 부자가 되지 못하는 건 실천하는 능력이 부족하기 때문이다. 무슨 일이라도 끝까지 실행하는 자들이 부자가 될 가능성이 높다. 아는 것이 적더라도 실행하는 자가 결국에는 성공한다는 것이다. 또한 성공한 리더는 모두 독서가이다. 세계적인 기업가인 빌 게이츠는 매년 독서 주간을 정해 놓고 그 기간 동안 어느 누구의 방해도 받지 않도록 칩거 생활에 들어간다고 한다. 목록에 올려놓은 책을 몰입해서 읽고 휴식을 취하며 새로운 사업을 구상하거나 자신의 인생을 재점검하기 위해서다.

정규 교육과정이 6개월도 채 되지 않은 링컨이 미국인들에게 가장 존경받는 대통령이 된 것도 독학할 때 기본적인 지식의 바탕이 되어준 독서량 덕분이다. 그는 매년 읽어야 할 책을 자신의 키만큼 쌓아놓고 읽었다고 한다.

우리나라의 세종대왕이나 이순신 장군, 정약용을 비롯해 훌륭한 석학들도 모두 공부와 독서의 달인들이었다.

고(故) 김대중 대통령은 감옥에 있는 동안 나라를 구할 수 있는 방법을 공부하신 것으로 유명하다. 이렇듯 세상을 움직인 리더들은 하나같이 독서가였다.

그러나 교육강국이라고 자칭하는 한국의 독서력은 어떠한가? 2011년 국민독서 실태조사에 따르면 성인 10명 중 3.5명은 1년에 책을 한 권도 읽지 않았다고 한다. 심지어 이는 4년 전인 2007년보다 떨어진 수치라고 한다.

살기 힘들고 마음의 여유가 없어서일지도 모르지만, 힘들수록 더더욱 기본으로 돌아가야 한다. 그리고 그 기본은 바로 책을 읽고 공부하는 일이다. 그런 의미에서 우리나라 국민들의 독서 수준과 책값에 들이는 문화비는 부끄러운 수준이다.

책을 직접 사서 볼 수 없다 하더라도 책을 빌려 볼 수 있는 도서관이 지역마다 들어서 있고, 학교에도 기본적인 시설은 다 갖추어져 있으니 마음만 먹으면 얼마든지 책을 읽고 공부할 수 있다. 때문에 경제적 사정 때문에 책을 읽지 못한다는 핑계는 타당성이 없다.

공자는 『논어』〈계씨편〉에서 "나면서 도를 아는 사람이 최상이요, 배워서 아는 사람이 그 다음이요, 벽에 부딪혀 배우는 사람이 그 다음이다. 벽에 부딪혀서도 배우지 않는 자는 최하라 한다." 했다.

그는 또 『논어』〈위정편〉에서 "배우고 생각하지 않으면 어둡고, 생각만 하고 배우지 않으면 위태하다."고 했으며 『논어』〈위령공편〉에서는 자신의 공부 경험을 전체적으로 되돌아보며 "내가 일찍이 종일 먹지도 않고 밤새 자지도 않고 생각에 빠져보았으나 이익이 없었다. 배우는 것만 못하다."고 했다.

이는 공부와 생각 간의 균형과 조화가 이루어져야 한다고 지적한 고백이다.

교육자로서 공자는 누구를 가르칠 때 차별을 두지 않았다. 이를 '유교무류(有敎無類)'라 하는데, 가르침에는 부류가 없다는 뜻이다. 때문에 공자의 문하에는 다양한 계층의 제자들이 몰려들었다. 공자는 그들에게 공부의 근본적 목적이 자신의 몸을 닦아 남에게 봉사하는 데 있다는 점을 강조했다.

묵자의 공부법은 『묵자』〈일문편〉을 보면 알 수 있는데, "지식인은 배웠다 하더라도 실천을 근본으로 삼아야 한다. 옛날 학자들은 좋은 말을 들으면 자신의 몸으로 실천했다. 지금 학자들은 좋은 말을 들으면 그걸로 남을 설득하는 데 힘을 쓰니 말이 지나치고 실천은 미치지 못하는 것이다."라고 했다.

또한 묵자는 지식과 논리 같은 문제에 관해 탐구해 진리를 인식하는 세 가지 준칙을 제정하기도 했는데 이를 '삼표(三表)'라 한다. 묵자가 내세운 삼표는 다음과 같다.

첫째, 위로는 옛 성인의 일을 본으로 삼는다.
둘째, 아래로는 백성의 눈과 귀가 어떤지 살핀다.

셋째, 안으로는 나라와 백성의 이익을 꾀한다.

묵자는 이 삼표를 통해 '민이 귀하고 군주는 가볍다.'는 구호를 제창하고, 공개적으로 군주와 백성의 관계를 개선할 것을 호소했다.

중국이 낳은 가장 위대한 문학가이자 사상가인 노신(魯迅, 1881~1936)은 지독한 독서광이었다. 그는 목적이 있고, 살아 넘치며, 폭넓은 독서를 지향했다.

그래서인지 그는 "꿀벌 같아야 한다. 많은 꽃에서 채집해야 달콤한 꿀을 만들 수 있는 것과 같다. 한 곳에서만 빨면 얻는 것에 한계가 있고 시들어버린다."고 했는데, 벌이 다양한 꽃에서 꿀을 모으듯 다양한 책을 많이 읽어 진정한 지식을 습득하라는 의미다. 꿀도 잡꿀이 진짜 꿀이고 맛도 있는 것처럼 말이다.

또한 그는 두루 많이 읽고 딱딱한 책은 머리를 묻고 이래가 될 때까지 파는 식으로 깊이 있게 읽고 자신의 눈으로 세상이라는 살아 있는 독서를 하였다.

"계획하는 것에 대해 고민하지 마라."라고 구글의 회장이자 구글의 창업자인 에릭 슈미트는 말했다.

세계적으로 성공한 부자들의 공통점을 살펴보면 근검절약, 폭 넓은 인맥, 실패를 두려워하지 않는 정신, 가계부를 쓰는 습관, 끊임없는 공부다. 당신의 삶이 변화되기를 바란다면 부(富)를 공부하라.

가난은 세습된다고 한다. 나의 가난함을 후세에게 물려준 선조가 될 것인가, 아니면 내 시대에서 가난을 끊고 부의 흐름을 물려줄 것인가. 가슴 깊이 생각해야 할 우리 세대의 과제이다.

당신은 어떤 답을 보여줄 것인가? 이제 선택해야 한다. 만약 당신의 삶이 변화되기를 바란다면, 책을 들어 부(富)를 공부하라.

당신이 진정으로
원하는 삶은 따로 있다

가장 **훌륭한 기술**, 가장 배우기 어려운 기술은 세상을 살아가는 기술이다.
― 메이시 ―

나는 32년이란 세월을 경찰이란 조직의 울타리 내에서 기계처럼 지냈다. 그러나 브로니 웨어(Bronnie Ware)의 『내가 원하는 삶을 살았더라면』을 읽고 변했다.

호주에서 은행원으로 근무하던 그녀가 일을 그만두고 꿈을 찾기 위해 영국으로 여행을 떠난 뒤 노인 병간호를 하면서 들은 이야기를 정리한 책으로, 살날이 얼마 남지 않은 것을 안 노인들이 가장 이야기한 다섯 가지 후회와 그에 얽힌 에피소드를 엮은 책이다. 이 책은 출간 즉시 베스트셀러가 됐다.

지금부터 그 책에 대해 살펴보고자 한다.

1. 난 내 자신에게 정직하지 못했다. 내가 살고 싶은 삶을 사는 대신 내 주위 사람들이 원하는 (그들에게 보이기 위한) 삶을 살았다.
2. 그렇게 열심히 일할 필요가 없었다. 대신 사랑하는 사람과 더 많

은 시간을 보냈어야 했다. 어느 날 돌아보니 애들은 다 커버렸고 배우자와의 관계조차 서먹해졌다.

3. 내 감정을 주위에 솔직하게 표현하며 살지 못했다. 내 속을 터놓을 용기가 없어서 순간순간의 감정을 꾹꾹 누르며 살다 병이 되기까지 했다.

4. 친구들과 연락하며 살았어야 했다. 다들 죽기 전 얘기하더라고 한다. "친구 ○○를 한번 봤으면…"이라고.

5. 행복은 결국 내 선택이었다. 훨씬 더 행복한 삶을 살 수 있었는데 겁이 나서 변화를 선택하지 못했고, 튀면 안 된다고 생각해 남들과 똑같은 일상을 반복했다.

"돈을 더 벌었어야 했는데…"라거나 "궁궐 같은 집에서 한번 살아봤으면…", "고급차 한 번 못 타 봤네…", "애들을 더 엄하게 키웠어야 했는데…"라고 말한 사람은 아무도 없었다고 한다.

저자 브로니 웨어는 『내가 원하는 삶을 살았더라면』에서 이러한 결과를 다음과 같이 풀어 설명했다.

1. 다른 사람들의 기대를 충족시키기 위해서가 아니라, 내 방식대로 삶을 살아갈 수 있는 용기가 있었더라면…
   - 임종을 앞둔 사람들이 가장 많이 후회하는 일이다.
2. 너무 열심히 일에만 매달리지 않았더라면…
   - 간호한 모든 남성 환자들이 이를 언급했다.

3. 내 감정을 조금 더 솔직히 표현할 수 있는 용기가 있었더라면…
   - 많은 사람들이 타인과 원만한 관계를 유지하기 위해 자신의 감정을 억압했다고 고백했다.
4. 친구들과 연락을 계속 유지했더라면…
   - 많은 사람들이 임종 몇 주 전까지 오랜 친구의 소중함을 깨닫지 못하며, 마지막 순간에는 보고 싶은 친구들의 소재를 파악하지 못하는 경우가 많았다.
5. 내 자신이 더 행복해 질 수 있도록 허용했더라면…
   - 놀랍게도 이번 항목에 대해 공감하는 사람들이 많았다.

이번에는 후회하는 삶보다 자신만의 노하우로 200권 이상의 책을 쓰고 대한민국의 대표 책 쓰기 과정을 운영하는 사례를 소개한다.

경기도 성남시 분당구 수내동에 위치한 '한국 책 쓰기 성공학 코칭협회'의 김태광 대표. 위닝북스에서 나온 『이젠 책 쓰기가 답이다』, 『10년 직장인 사표 대신 책을 써라』, 『3일 만에 끝내는 책 쓰기 수업』은 위닝북스를 설립한 그가 쓴 책이다.

그는 38세에 200권의 책을 펴냈으며 50억 자산가로 수백 명의 작가, 코치, 강연가, 컨설턴트를 배출했다. 그는 책에서 '책 쓰기는 인생을 바꾸는 자기 혁명'이라고 표현한다.

스스로도 취직 대신 책 쓰기를 선택한 끝에 운명을 바꿨다는 그는 '책을 펴냈을 때 가장 큰 가치는 내 이름이 퍼스널 브랜딩 된다.'고 말했다.

그는 『10년 직장인 사표 대신 책을 써라』에서 직장인들에게 이 연차쯤 되면 자신의 업무에 대한 해박한 지식과 전문성, 노하우를 갖고 있으니 이러한 전문성을 신선한 주제나 콘셉트와 연결해 책을 쓰면 된다고 말한다. 아울러 모든 사람들에게 지금부터라도 당장 책 쓰기에 도전하라고 권한다.

또한 그는 위의 책에서 책을 내기로 결심했다면 본격적인 집필에 앞서 알아야 할 '책 쓰는 법'을 담았다. '6개월 만에 책 한 권을 쓰기'를 목표로 독자의 니즈를 찾아 책 콘셉트를 잡고, 책 목차를 구성하고, 초고 작성 및 수정, 출간 제안서 작성하기, 출판 계약하기, 언론사를 통해 노출하는 법, 책 쓰기로 자신의 브랜드 파워를 만드는 법 등을 차근차근 안내한다.

그리고 저자는 다른 무엇보다 책 쓰는 습관을 몸에 익혀야 한다고 강조한다. 이를 위해 출근 전 2시간과 퇴근 후 2시간을 책 쓰기에 할애하라고 자신의 노하우로 조언했다.

"자기가 가진 것보다 더 좋은 것을 원하는 사람은 눈 뜬 장님과 같다."라고 괴테는 말했다. 당신이 진정으로 원하는 삶은 따로 있다.

그러나 울타리를 나오기가 어렵고 두려워 도전을 못하고 있을 뿐이다. 그런 그대에게 과감히 새로운 길을 도전해 보기를 권한다. 정녕 당신이 가슴 뛰는 일이 있다면 그것이야말로 당신이 진정으로 원하는 삶이다.

그 삶을 위해 모든 것을 과감히 던져 버리고 걸어갈 수 있는 용기는, 이미 그대 안에 있다.

직장인은
생로병사가 많다

가시에 찔리지 않고서는 장미꽃을 모을 수가 없다.
— 필페이 —

　업무나 공부를 하면서 하루 중 대부분을 책상 의자와 함께 생활하는 현대인을 향해 의학박사 제임스 레바인은 이렇게 외쳤다. "의자가 여러분의 몸을 죽인다."라고.

　책상에 앉아 공부하는 학생들은 말할 것도 없고 사무실에서 업무를 보는 직장인들도 대부분 평균적으로 7~8시간을 앉아서 생활한다. 여기에 집이나 통근시간에도 서있기보다는 앉아있는 자세를 선호하기 때문에 착석하는 시간은 더욱 길어진다.

　장시간 같은 자리에 오래 앉아있는 건강에 해롭다.

　KBS 1TV '생로병사의 비밀'은 '앉지 말고 일어서라.'라는 내용의 방송을 내보내며 앉아있는 시간이 길어진 현대인들에게 경고를 보냈다. 장시간 앉아서 근무하는 사람이 그렇지 않은 사람에 비해 하지정맥류, 심혈관질환, 대사 증후군 등 각종 질병에 노출될 확률이 높다는 내용이었다.

우리나라 국민은 하루 평균 8시간 앉아서 생활하고 있으며 노년기인 6·70대의 경우 더 길었다.

우리나라 사망원인질환 1위는 암이지만 장기간 앉아있음으로 인해 유발될 수 있는 심혈관질환, 뇌혈관질환, 당뇨병이 각각 2위, 3위, 5위를 차지한다. 작은 습관 하나로 인해 사망 질환 3가지를 한꺼번에 얻을 수 있다는 것이다.

앉은 지 90초부터 인슐린과 관련된 세포들의 활동이 둔화되어 시간이 지날수록 당뇨, 비만, 고지혈증 유발 확률이 높아졌다고 한다. 이처럼 혈당을 낮추는 기능을 하는 인슐린 활동이 현저히 감소해 세포가 포도당을 효과적으로 연소하지 못하게 된 것이 비만과 당뇨를 일으킨다.

또한 앉아있는 시간이 30분이 지나면 중성지방이 빠르게 증가해 대사증후군 발생률이 높아져 다리혈관이 좁아지는 등의 동맥경화가 진행될 수 있으며, 다리 쪽으로 가는 혈류속도가 줄어들어 혈관 쪽 압력이 떨어지고 내피세포에 기능이상, 동맥경화증, 심근경색이 발생할 수 있다.

국민건강에 많은 관심을 기울이는 북유럽 국가의 경우 이미 장시간 앉은 자세가 건강에 얼마나 치명적인가에 대한 인식이 높아 서서 일하는 문화가 확산되고 있다고 한다. 국내 일부 기업에서도 서서일하는 것을 권장하며 키높이 책상을 두는 등의 변화를 보이고 있다.

이처럼 서서 일하는 경우 몸의 움직임이 훨씬 활발해지고 혈액순환이 개선돼 각종 대사증후군을 예방할 수 있고 일의 효율성도 증가한다는 뉴스도 나왔다. 이와 더불어 실외활동이 자유롭지 않은 직장인들은 스트레칭을 자주해주고 허리와 목을 자주 움직여줘야 한다는 전문가의 조언도 함께 나왔다.

우리나라 직장인 10명 중 9명은 업무시간에 딴 짓을 한 경험이 있다. 라인 취업포털 '사람인'이 직장인 1,206명을 대상으로 '업무시간 중 딴짓'을 주제로 조사한 결과 하루 평균 1시간 10분은 딴 짓을 하는 데 시간을 소비하고 있다고 한다.

하루 중 딴 짓 시간은 평균 1시간 10분으로 집계됐고 시간대는 '무관하다.'는 응답과 '오후시간'(18.5%), '점심시간 직후'(17.7%)가 가장 많았다.

대부분의 직장인들은 요일을 구분하지 않고 딴짓을 했다고 답했으며, 굳이 꼽으라면 주말을 하루 앞둔 금요일에 딴짓을 많이 한 것으로 나타났다고 한다.

주로 무엇을 하느냐는 질문에는 인터넷을 한다는 응답과 메신저를 한다는 응답이 가장 많았다. 또한 이렇게 딴짓을 하는 이유로는 머리를 식히고 싶어서, 집중력 향상을 위해서 등등 다양한 이유가 있었다고 한다.

퇴사의 충동을 느끼는 이유 중 76.5%를 차지하는 것이 "직장 내 상사와의 갈등"이라 한다. 이러한 여건 속에서 직장생활을 잘하는 법을 다음과 같이 소개한다.

1. 팔을 걷어붙이고 조직의 해결사가 되라.
2. 상사와 맞서려면 회사를 떠날 각오를 하라.
3. 뽑을 땐 학벌이지만 키울 땐 충성도이다.
4. 직장에 따라 신분이 결정됨을 잊지 마라.
5. 직장인의 수명은 영업 마인드에 달려 있다.
6. 상가와 회식 장소에서 운명이 결정된다.
7. 혼자 일하려면 조직을 떠나라.
8. 자기 몫을 포기해야 리더십이 생긴다.
9. 네트워크 지수를 끌어올려라.
10. 자기만의 브랜드를 만들어라.

"사람의 일생은 돈과 시간을 쓰는 방법에 따라 결정된다. 이 두 가지를 잘못 사용해서는 결코 성공할 수 없다."고 다케우치 히토시가 말하였듯이, '직장인은 생로병사가 많다'는 것을 우리는 직·간접적으로 경험하였기에 잘 알고 있다.

그렇다면 과연 어떠한 조치를 이 난관에 대처할 수 있을까? 결론은 이미 앞부분에서 설명했듯이 자신의 이름으로 된 책을 써서 자신의 지식과 경험을 많은 사람들과 나누며 작가, 강연가로서 이 세상에 영향력을 펼칠 수 있는 메신저의 삶을 사는 것이다.

지금, 메신저로서의 삶이 당신을 기다리고 있다.

2장

나를 다시
태어나게 하는
하루 45분
책 쓰기

스스로의 인생을 낮추지 말자

삶이 있는 한 희망은 있다.
— 키케로 —

자신을 높이지도 낮추지도 마세요.
자신을 높이는 만큼 책임이 따른다는 것 그만큼 노력하세요.
자신을 가리는 만큼 못난 사람 없고 자신의 가족 또한 존재감이 사라집니다.
사람은 누구하나 소중하지 않는 사람 없습니다.
— 법정스님 —

첫 책을 쓰는 초보 작가의 심정은 겪어보지 않으면 상상하기 어려울 정도로 수많은 심적 장애물로 가득하다. 때문에 책 쓰기를 시작도 못하고 생각만하다가 시간만 보내는 경우가 빈번하다.

책을 쓴다는 것은, 다시 말하면 작가라는 이름을 얻는 것이다. 조상이 지어주신 나만의 이름, 그 이름을 빛내고자 책을 하나 써 보겠다고 생각했던 적이 누구나 한 번쯤은 있을 것이다.

그러나 현실적으로 책을 출판하고 작가라는 이름을 얻는 사람은 그리 많지 않다. 책을 써 보겠다고 생각했던 많은 사람들이 왜 첫 번째 책도 출간하지 못하고 중도에 포기할까? 그 의문을 함께 공유해본다.

현대사회는 SNS의 발달로 모든 정보를 시시각각 빠르게 접할 수 있다는 장점이 있다. 반대로 개인정보 노출 및 악용, 불분명한 정보의 확산, 관리의 피로함 등의 단점도 존재한다.

하지만 이 단점 중 가장 큰 문제는 의도적으로 자기자랑에 가까운 내용만을 과장해서 올림으로써 개인 간의 위화감을 조성하여 나만 어려운 일을 하며 힘든 삶을 살고 있다는 부정적인 생각을 하도록 한다는 것이다.

대표적인 예로 2002년 경북대학교 의과대학 재학 중 대한민국 미스코리아 진(眞)에 당선된 금나나(1983. 8. 19생, 경북 영주) 씨의 사연을 들 수 있는데, 많은 사람들이 그녀를 금수저 출신으로 오해하고 있었다. 하지만 그녀의 현실과 꿈을 향한 놀라운 도전을 알고 나면 우리네 인생사에 많은 생각을 갖게 될 것이다.

체육교사인 그녀의 아버지는 나나의 어린 시절부터 건강과 몸매에 상당히 관심을 가졌다. 때문에 매일 식사관리, 무용, 운동 등 체계적이고 강도 높은 트레이닝을 시켰다. 그녀는 고등학교에 진학한 후에야 아버지의 체계적 관리에서 벗어날 수 있었다.

그러나 트레이닝을 중단하자 금방 체중이 늘어 그전과 다른 몸매로 변했다. 가족여행 중 하와이에서 사진을 찍던 아버지는 아내의 허벅지보다 딸의 장단지가 굵어진 모습에 충격을 받았는데, 이 모습을 본 나나는 더 큰 스트레스를 받았다고 한다.

경북대 의예과에 수시모집에 합격한 금나나는 '다이어트 한번 해 볼까… 살이 빠지면 남자친구도 사귀고 대학생활도 더 재미있게 보낼 수 있겠지?'라는 생각에 100일 다이어트에 돌입, 무려 10킬로그램 감량에 성공한다.

그렇게 다이어트에 성공한 금나나는 "나나야, 미스 코리아 대회에 한 번 나가볼래?"라는 아빠의 제안에 지역예선 마감전날 접수를 하고 마침내 본선에 올라 미스 코리아 진으로 뽑히는 영광을 얻었다.

그 이후로도 놀라운 도전은 계속되어 미스유니버스 대회에 대비하여 영어 인터뷰 실전 연습을 지속한 결과 미스 유니버스 대회에서 72개국 대표 중 인터뷰 최고점을 받아 국위선양을 하였고, 유학준비를 통해 하버드 대학에 입학하게 되었다.

하버드 대학을 졸업한 후 의과대학원에 불합격하긴 했지만, 그 실패마저도 금나나의 끊임없이 도전하는 용기를 보여주었다.

요즘 인기가 높은 오스트리아의 정신의학자이자 심리학자인 알프레드 아들러는 자신의 생각을 정리한 『버텨내는 용기』에서 '한심한 사람이라는 말을 들었다고 해서 내가 정말로 한심한 사람이 되는 것은 아니다. 반대로 타인이 나를 높이 평가했다고 해서 그 평가에 의해 내 가치가 높아지는 것도 아니다. 타인의 평가는 나의 가치를 높이지도 낮추지도 않는다.'라고 하였다.

이 말은 '내 인생은 내가 선택한 것이다.' '세상은 절대 나를 중심으로 돌아가지 않는다.' '지금부터라도 내 인생을 살겠다.'는 스스로는 잘 몰랐던 자신의 내면세계를 다시 이해하고 인생을 대하는 근본적인 태도를 점검해보게 되는 계기가 된다.

예전에 지인이 선물해준 커비 리더쉽 센터의 창립자이자 프랭클린

커비사의 공동회장이였던 스티븐 리처즈 커비(Stephen Richards Covey, 1932. 10. 24~2012. 7. 16.)의 책, 원제는 『The 7 Habits of Highly Effective People』이고 한국어로는 『성공하는 사람들의 7가지 습관』으로 번역된 이 책은 내 인생에 큰 영향을 끼친 책 중 하나다.

이전에도 많은 책들을 접했으나 내 인생에 큰 영향을 끼친 책 하나를 꼽아보라면 나는 주저 없이 이 책을 말한다.

이 책에서 말하는, 지나간 내 인생을 뒤돌아보고 앞으로의 내 인생 방향에 나침반 역할을 해주고 있는 7가지 습관은 다음과 같다.

습관1 : 자신의 삶을 주도하라

인생의 코스를 스스로 선택하라. 성공하는 사람들은 자신이 할 수 없는 일에 집착하거나 외부의 힘에 반응하는 대신, 할 수 있는 일에 집중하며 자신의 선택과 결과에 책임을 진다.

습관2 : 끝을 생각하며 시작하라

자신이 어디로 향하고 있는지 알기 위해서는 전반적인 인생목표를 포함해 최종목표를 정해야 한다.

습관3 : 소중한 것을 먼저 하라

긴급함이 아니라 중요성을 기반으로 업무 우선순위를 정하고 습관 2에서 정한 목표성취를 돕는 계획을 세워라. 우선순위에 따라 업무를 수행하라.

습관4 : 윈 – 윈을 생각하라
쌍방에 도움이 되는 해결책을 추구하라.

습관5 : 먼저 이해하고 다음에 이해시켜라
상호 존중하는 환경을 조성하고 문제를 효과적으로 해결하기 위해서는 타인의 말을 경청하고 열린 자세를 가져야 한다. 이로써 상대도 같은 태도를 보이도록 유도할 수 있다.

습관6 : 시너지를 내라
혼자서 달성할 수 없는 목표를 이루기 위해 팀을 활용하라. 팀원들의 최대성과를 이끌어내기 위해 유의미한 공헌과 최종목표를 장려하라.

습관7 : 끊임없이 쇄신하라
장기적으로 성공하기 위해서는 기도나 명상, 운동과 봉사활동, 고무적인 독서를 통해 몸과 마음, 영혼을 건강하게 유지하고 쇄신해야 한다.

스티븐 코비의 책 『소중한 것을 먼저 하라』에 '항아리에 돌을 채우는 이야기'가 있다. 이 내용은 '긴급함과 중요성'에서 소중한 것을 먼저 하라는 말로 나에게 가장 감명을 주었기에 소개하고자 한다.

어떤 항아리에 큰 돌, 중간 돌, 모래를 집어넣는 실험으로, 먼저 모래를 넣은 뒤 중간 돌을 집어넣자 큰 돌 중 몇 개는 넣을 수 있었으나 나머지 큰 돌 몇 개는 도저히 들어가지 않았다. 그러나 동일한 항아리에 큰 돌을 먼저 넣고, 그 다음 중간 돌을, 마지막으로 모래를 집어넣으니 모두 다 넣을 수 있었다.

여기서 큰 돌은 우리 인생에서 중요한 일을 뜻하고, 모래는 사소한 일을 의미한다. 이를 통해 인생을 살 때 사소한 모래 또는 중간 돌에 속하는 일들보다는 큰 돌에 속하는 중요한 일을 우선적으로 하며 살아야겠다는 교훈을 배웠다.

'스스로 알을 깨면 한 마리의 병아리가 되지만, 남이 깨주면 계란 프라이가 된다.'라는 J. 허슬러의 명언이 알려주듯이, 우리는 스스로의 자존감을 높여야 한다. 자존감(Self-esteem)은 말 그대로 자신을 존중하고 사랑하는 마음이다.

자신의 능력과 한계를 어떻게 생각하는지에 대한 평가이자, 스스로에 대한 평가이다. 스스로가 가치 있는 존재임을 인식하고, 역경에 맞서 이겨낼 수 있는 능력이 자신에게 있다고 믿고, 자신의 노력으로 삶을 성취할 수 있다는 확신을 갖자.

낮은 자존감을 높이는 방법으로는 '자신을 용서하기', '긍정적으로 생각하기', '자기 격려하기'가 있다. 이것을 적극적으로 활용하여 오늘도 이 아름다운 지구의 주인공은 본인임을 잊지 말고 스스로의 인생을 낮추지 말자.

글을 쓰는 것보다
작가가 되는 길을 배우자

계획이란 미래에 관한 현재의 결정이다.
— 드래커 —

주위 어르신들과 이야기를 나누다보면 가장 많이 하시는 말씀이 "나만큼 고생한 사람도 없어. 내 인생을 책으로 쓰면 열 권도 넘는다."이다. 그러나 막상 종이에 적어보시라고 하면 한 장도 못 적으시고 손을 흔든다. 이렇듯 보통 사람들은 글을 쓰는 데 많은 두려움을 가지고 있다.

나 또한 두려움을 극복하고 첫 책을 출간하면서 작가가 되었지만, 지금도 글쓰기에 대한 두려움을 극복하고자 많은 시간을 할애하고 있다. 그러나 책을 쓰는 것은 우리가 어려워하는 글쓰기와 다른 영역이라는 것을 확실하게 알아야 한다.

우선, 고정관념을 버려야 한다. 책 쓰기는 작가와 독자가 소통하기 위한 최소한의 연결과정이다. "글 쓰는 방법을 배워서 숙달시킨 후 책을 써야지."라고 생각하는 순간, 당신은 3개월, 반년, 1년, 2년, 3년, 5년 10년, 아니 당신이 지구를 떠나는 그 순간까지 당신의 이름으로 된 책을 볼 수 없을 것이다.

내가 책을 출간한 후에 지인 등 주위 분들이 묻는 말씀이 본인도 책을 쓰고 싶은데 "책을 언제 써야 될까요?"이다. 나는 그 물음에 바로 답변을 드린다.

"지금 즉시."

　　본인이 쓰고 싶다는 생각을 가진 이 순간부터 책을 써야한다. 책을 잘 쓰고 못 쓰고는 관여치 말고 무조건 닥치고 써 나가야 한다. 그렇게 쓰다보면 탈고와 교정 과정을 거쳐 자신의 분신인 책이 출간되는 것이다.

　　사업으로 바쁜 와중에 직접 책을 쓴 결과 명성을 얻고, 사업도 한 단계 더 성장시키는 계기가 된 '성공한 CEO'를 보면 잭 웰치, 빌 게이츠, 오프라 윈프리, 오바마, 김성오, 손정의, 박경철, 안철수 등 모두가 잘 알고 있는 인물들이다.

　　핑계 없는 무덤이 없다는 말이 있듯이 이론상 책은 머리와 손가락으로 완성된다. 또한 책은 히프로 쓴다는 말이 있다. 이 말은 책을 쓰기 위해 얼마나 오래 의자에 앉아 있느냐에 따라 진행 속도가 좌우된다는 뜻이다.

　　인터넷 블로그·카페의 활성화, 모바일 통신의 급격한 성장, 인쇄·전자 출판의 대중화 등으로 '누구나 작가가 될 수 있고, 누구나 책을 낼 수 있는' 시대이다. 덕분에 글쓰기 수요가 증가하고 관련 서적이 홍수 이루고 있다. 그러나 관련서적 대부분이 글쓰기 이론·기술·실기에 치중되어 있다.

그 결과 많은 사람들이 제대로 준비된 글쓰기가 아닌 막연한 기대와 분위기에 편승하여 아까운 시간만 낭비하게 된다. 이를 방지하기 위해 저자는 기본적인 세 가지(문학관, 창작관, 작가관) 가치관을 가져야 한다. 또한 글이라는 것은 글쓴이의 인생과 닮아간다는 것을 잊지 말아야겠다.

1969년 영국 런던에서 태어난 작가이자 전직 경제 전문지 기자인 소피 킨셀라(Sophie Kinsella)가 BBC에서 공개한 베스트셀러 작가가 되는 10가지 비법은 우리에게 많은 가르침을 주고 있다.

첫 번째. 항상 공책을 가지고 다니면서 머릿속에 생각나는 것, 우연히 들은 대화내용 등 모든 것을 관찰하고 써 내려가는 습관을 길러라.

두 번째. 항상 '만약에…'와 '…하면 어떻게 될까?'라는 생각을 하며 스토리에 대한 가능성을 열어두고 끊임없이 독서하라.

세 번째. '만약 내가 독자라면 무엇을 읽고 싶은가?'를 생각하며 독자, 평론가를 막론하고 누군가를 즐겁게 해줄 수 있는 책을 써라.

네 번째. 작가는 쉽게 영향 받을 수 있는 사람이라 생각하기 때문에 작품은 은밀하게 진행해야 한다. 그러니 당신이 무엇을 쓰고 있는지에 대해 말하지 말라.

다섯 번째. 어떤 장르를 써야하는지를 고민하지 말고 당신이 무엇을 쓸 때 재미있는지를 봐라. 당신 스스로의 목소리를 찾고 싶다면 '장르'에 매몰되지 말라.

여섯 번째. 사람들에게 당신이 무엇을 쓰고 있는지 말하지 않은 채 계속 써 내려가면서 결말에까지 도달해야 한다. 가장 완벽한 초안을 써 낼 수 없더라도 일단 끝까지 써라.

일곱 번째. 가끔 머리와 마음이 꽉 막혀 너무도 답답할 때가 있다. 이때 칵테일이 도움이 된다. 문제를 해결하고 싶다면 걸으면서 머리를 맑게 해라.

여덟 번째. 계획 단계는 중요하여 수개월이 걸릴 수도 있다. 머릿속에 떠오르는 줄거리의 포인트를 기록한 후 그 중에서 만족할만한 스토리를 추려서 당신의 책을 만들 계획을 짜라.

아홉 번째. 집필할 때 좋은 방향을 일러주고 좋은 친구가 돼주는 훌륭한 보조를 얻고, 예전의 당신에서 벗어나 새로운 존재로 새롭게 태어날 수 있으며 사생활을 지킬 수 있는 필명을 생각해 둬라.

열 번째. 당신 주변의 모든 사람들은 본인만의 스토리를 갖고 있다. 글쓰기는 일정부분 기본 틀이 있어 배울 수 있고 실력을 늘려갈 수 있다. 그것을 써라.

자신이 쓰려고 하는 책의 장르를 결정하기 어려워할 필요는 절대 없다. 당신 앞에 있는 컴퓨터, 또는 스마트폰으로 온라인 서점 홈페이지에 접속해보라. 홈페이지 메인 화면에 도서의 모든 장르와 형식을 분리해놓고 당신의 방문을 기다리고 있다.

그도 아니라면 당신이 자주 방문하는 오프라인 대형 서점을 방문하라. 도서가 장르별로 정리가 되어 있어 쉽게 확인 할 수 있다.

이렇게 온라인 또는 오프라인 상에서 분류해 놓은 장르를 보면 '소설, 자기개발서, 에세이, 시, 가정, 여행, 역사, 요리, 뷰티, 건강, 취미, 레저, 인문학, 경제경영, 고전, 과학, 만화, 문학, 사회 정치, 인물, 사전, 수험서, 자격증, 예술, 대중문화, 어린이, 유아, 종교, 역학, 청소년, 초등, 중등, 고등참고서, 대학교재, 컴퓨터, 모바일, 외국어' 등으로 대별할 수 있다.

당신이 책을 쓰겠다고 목표를 정했다면 전에 당신이 장르를 대하던 눈과는 전혀 다른 방향으로 시선이 전환될 것이다. 모든 사물을 보는 자세와 책을 대하는 독서 모습이 판이해진다는 것을 나는 경험을 통하여 알 수 있었다. 이 세상 모든 것이 책에 적을 사례에 해당되기에, 작가의 눈빛은 변할 수밖에 없을 것이다.

"우리가 무엇을 생각하느냐, 무엇을 알고 있느냐, 무엇을 믿고 있느냐는 별로 중요하지 않다. 중요한 것은 결국 우리가 무엇을 행동으로 실천하느냐이다."라는 존 로스킨의 말처럼, 책을 쓰기로 정했다면 '나는 글을 못 써요.'라는 이유를 달지 말자.

물론 글을 못 쓰는 사람이 책을 쓰기는 쉽지 않다. 그러나 자신만의 콘텐츠나 스토리가 명확하다면 길은 있다. 나와 함께 가면 된다. 책을 쓰겠다고 정했다면 글을 쓰는 것보다 작가가 되는 길을 배우자.

하루 딱 45분만
책 쓰기에 집중하자

시간을 선택하는 것은 시간을 절약하는 것이다.
— 베이컨 —

"내일 지구의 종말이 온다고 할지라도 나는 오늘 한 그루의 사과나무를 심겠다."라고 주장한 네덜란드 암스테르담 출신의 철학자 스피노자. 그는 자신의 올곧은 철학을 지키기 위해 모든 것을 던져버렸다. 헤겔이 "철학을 하려거든 스피노자를 본받아라."라고 설파하기까지 했다.

그는 부유한 유대인 가정에서 자라나 유복한 어린 시절을 보냈다. 그렇게 성장하던 스피노자는 고등학생 나이쯤 되면서부터 유대교의 유일신 사상에 대하여 심각한 회의를 품게 되고, 결국에는 아래와 같이 고독한 삶을 살아간 사람이다.

- 유대인으로 태어났으나 유대교를 버려 유대인 사회에서 파문당하여 평생을 떠돌았던 사람.
- 철학 교수직 제의를 받았지만 거절하고 오직 자신의 학문연구에만 몰두한 사람.

- 러셀이 존경심에 대한 표시로 그의 초상화를 갖고 다닐 정도로 존경 받는 사람.
- 스승의 딸에게 사랑의 감정을 느꼈지만 그녀와 결혼은 하지 못했고, 결국 평생을 독신으로 살아간 사람.
- 연구를 할 수 있는 거액의 기부 제의도 거절하고 평생 렌즈를 가는 일을 하면서 산 사람.
- 오랫동안의 하숙생활을 했기 때문에 '다락방의 합리론자'라고 불리는 사람.
- 이 세상의 모든 것은 신이라는 범신론을 주장하여 '신에 취한 사람'이라고 불리던 사람.
- 완벽한 이성으로 완벽한 우주를 완벽하게 이해한다면 해탈의 경지에 이를 수 있다고 주장한 사람.

우리는 그를 보면서 하루 45분, 한 달 1,350분, 1년 16,425분이란 시간을 투자하여 책 쓰기에 집중하면 그 전의 삶과 전혀 다른 삶이 당신을 기다리고 있다는 것을 깨달아야 한다.

1시간은 60분이다. 그러나 평균적으로 1시간의 교육시간 중 실질적으로 수업을 하는 시간은 40분에서 50분에 불과하며, 우리가 접하는 1교시 분의 교육시간은 대부분 45분이다.

교육계에서도 대세인 45분이란 시간을 작가는 과감히 선택하였다. 이른바 1일 45분 책 쓰기이다.

1980년대 후반 프란체스코 시릴로(Francesco Cirillo)가 제안한 시간 관리 방법인 뽀모도로 기법(Pomodoro Technique)은 기본적으로 25분 동안 무언가에 집중하고 5분 동안 쉬는 시간 배분을 4번 반복하고 30분 쉬는 시간 배분을 반복하는 것으로 해본 바 책 쓰기의 영역에서도 쉽지 않았기에 추천하지 않는다.

김태광 작가는 『10년 차 직장인, 사표 대신 책을 써라』에서 자신의 책을 집필함으로써 자신의 분야에서 최고의 전문가로 인정받고 활동하는 작가들을 다음과 같이 소개했다.

톰 피터스 『톰 피터스의 미래를 경영하라』, 『톰 피터스 자기혁신 i디어』
피터 드러커 『피터 드러커의 자기경영노트』, 『프로페셔널의 조건』
혼다 켄 『부자가 되려면 부자에게 점심을 사라』, 『돈과 인생의 비밀』
로버트 기요사키 『부자 아빠 가난한 아빠』, 『앞으로 10년, 돈의 배반이 시작된다』
세스 고딘 『세스 고딘 생존을 이야기하다』, 『이제는 작은 것이 클 것이다』
조앤 K. 롤링 『해리 포터』
고도원 『꿈이 그대를 춤추게 하라』, 『고도원의 아침편지』
김상운 『왓칭』, 『마음을 비우면 얻어지는 것들』
김정운 『나는 아내와의 결혼을 후회한다』, 『남자의 물건』
김난도 『아프니까 청춘이다』, 『사치의 나라 럭셔리 코리아』
용혜원 『성공하려면 상승기류를 타라』, 『마음을 움직이고 사람을 변화시키는 칭찬 한마디의 힘』

　정진홍『사람공부』,『인문의 숲에서 경영을 만나다』

　김미경『아트 스피치』,『언니의 독설』

　안철수『영혼이 있는 승부』,『지금 우리에게 필요한 것은』

　양창순『나는 까칠하게 살기로 했다』,『내가 누구인지 말하는 것이 왜 두려운가』

　김어준『닥치고 정치』,『건투를 빈다』

　주진우『주기자』

　박경철『아름다운 동행』,『자기혁명』

　우리가 매일 사용하는 스마트폰이 처음 만들어졌을 때, 그 성능은 컴퓨터와 비교조차 안 될 정도로 우월했다. 지난 십 수년 간 컴퓨터가 발전해온 역사를 묻어 버렸다고 말할 수 있다.

　소프트 분야의 응용 기술은 우리도 모르는 사이에 우리 삶의 한 축을 이루고 있다. 이것을 이용해 주어진 하루를 최대한 활용하며 기록하는 일곱 가지 방법을 소개한다.

1. 카르마 : "기록하고, 시각화하고, 생산성을 향상시키는" 빌트인 도구와 같다. 사용과 동시에 자동으로 할 일 목록을 기록하는 기능이다.

2. 레스큐 타임(Rescue Time) : 컴퓨터를 켜고 끌 때까지 사용한 프로그램 내역을 기록, 분석해주는 프로그램이다.

3. 시간(Toggl) : 제약 없이 하루 동안 모든 활동을 기록하고 추적하는 도구로 클릭 한번으로 일정 활동을 기록하도록 할 수 있다.

4. 구글 애널리틱스(Google Analytics) : 웹사이트를 얼마나 많은 사람들이 방문하고, 어떻게 찾아내는지, 또 웹사이트 방문 시 무엇을 하는지에 대한 자세한 데이터를 제공하는 웹 분석 도구이다.

5. 운동 & 수면(Up) : '더욱 건강한 당신을 위한 스마트한 활동 기록 도구'로 걸음, 수면, 나아가 당신의 건강과 관련된 많은 것을 기록한다.

6. 음악, 라스트FM(LastFM) : 음악 데이터에 기반해 개별화된 추천 곡 목록을 제공하는 서비스이다.

7. 재정 관리(YNAB) : 모든 재정 정보를 기록하는 개인별 예산 관리 소프트웨어이다.

직장인들이 제일 부러워하는 직업 중 상위 순위를 차지하는 프리랜서(Freelancer)는 특정 기업이나 단체, 조직에 전담하지 않고 자신의 기술과 능력을 활용해 독립한 개인 사업자를 말한다. 이들 프리랜서를 위한 조언 하루 50분 활용법은 우리에게 많은 것을 생각게 한다.

1. 요리하기(Cooking Your Meal)

2. 수업듣기(Learning Courses)

3. 자녀의 방과 후 활동에 참여하기(Attending Your Children's After School Activities)

4. 잡지를 읽기(Reading Magazines)

5. 친구나 가족에게 연락하기(Talking with Friends and Relatives)

6. 운동하기(Doing Exercise)

7. 명상하기(Meditating Your Mind)

8. 취미활동하기(Enjoying Your Hobby)

9. 청소하기(Doing House Chores)

10. 자원봉사하기(Being a Volunteer Worker)

11. 이웃 방문하기(Knocking on Your Neighbor's door)

12. 기부하기(Donating Your Stuff)

13. 정원 가꾸기(Gardening Plants)

14. 반려동물 기르기(Caring Your Pets)

15. 낮잠 자기(Taking a Nap)

"사람이 성공하지 못하는 것은 처음부터 끝까지 하나의 길로 나가지 않았기 때문이지, 성공으로 가는 길이 험해서가 아니다. 한마음 한뜻은 쇠를 뚫고 만물을 굴복시킬 수 있다."고 영국의 정치가 벤자민 디즈레일리가 말했듯이 하루에 딱 45분만 책 쓰기에 집중하자. 그리하면 당신이 간절히 원하는 다른 운명으로 가는 길을 걸어갈 수 있다.

당신의 경험은 세상에 하나밖에 없는
귀한 보물이다

오랫동안 꿈을 그리는 사람은 마침내 그 꿈을 닮아 간다.

— 앙드레 말로 —

세계인구(世界人口)는 특정한 시간에 지구 상에 살고 있는 인류 전체의 개체수를 말한다. 미국 인구조사국에서 발표한 예측에 의하면 2017년 12월 말의 세계 인구는 76억 명이다.

전 세계 인구 76억 명의 경험(사물이나 사건에 노출되거나 수반됨을 통해 얻는 물건이나 사건의 관찰이나 기술의 지식)은 누구 하나 똑같지 않은 역사, 즉 삶의 흔적이라고 감히 말할 수 있다.

먼저, 이 지구에 하나밖에 없는 나란 존재를 알아본다.

지구는 다섯 번의 대멸종을 거치면서 99퍼센트 이상의 생명체가 자취를 감췄고, 멸종하지 않고 생존한 생명체가 진화를 거듭하면서 지금의 모습이 되었다고 한다.

몇 백만 년 전으로 거슬러 올라가면 챔팬치와 인간의 공동조상이 있다. 개도 침팬지도 아니고 인간도 아니다. 그 공동 조상을 찾아 또다시 거슬러 올라가면 다른 공동 조상이 있다.

"나의 할머니의 할머니의 할머니의…" 이런 식으로 계속 거슬러 올라가다보면 조선시대, 단군시대, 신석기 시대를 지나 오스트랄로피테쿠스, 네안데르탈인까지 총 7종의 인류가 서로 경쟁을 하던 시대까지 거슬러 올라가게 된다. 결국 이 7종의 인류 중 호모 사피엔스만 남게 되었는데 현재까지 내려오면서 종이 달라지고 유전자 구조가 달라졌다.

지구라는 작은 행성이 46억 년이란 나이를 먹는 동안 공룡은 1억년 이상의 역사를 쌓았다고 한다. 반면 인간의 역사는 20만 년. 그리고 인간은 20만 년의 역사 중 1만 5000년이란 시간을 늑대를 길들여서 개로 만들기 위해 투자했다. 이러한 인간의 역사를 보면서 나란 존재를 다시 한번 돌이켜보는 계기가 되었으면 한다.

우리의 삶은 다양한 문제해결의 연속이다. 이건 그 누구에게나 해당되는, 예외 없는 진리이다. 각종 시험을 치러야 하는 경우도 있고, 경제적(금전과 물질)·정신적 어려움으로 인해 홀로 소주잔을 들거나 긴 시간을 고통과 함께 지내야하는 경우도 있다.

그래서 20세기의 위대한 사상가 칼 R 포퍼는 『삶은 문제 해결의 연속이다』라는 에세이를 썼다. 살다 보니 문제 없는 인생이 없다는 것을 자연스럽게 알게 되고 그것을 극복한 경험을 기록으로 남긴 것이다.

서로 뜻이 맞는 남자와 여자가 만나서 배란일에 정자와 난자가 수정이 되면 아기탄생의 시초로 이어지는 근원이 된다. 주거환경이 열악하고 위생관리가 미흡한 탓에 질병이 많아 100일 동안 아기가 무사히 살아남으면 축하하는 뜻에서 백일잔치라는 의례를 치렀다.

아기가 1년을 살아남으면 돌잔치 상을 성대하게 차려준다. 옛날에는 의학적 지식이 부족했고 절기마다 현저한 기온의 변화에 대처하지 못하거나 각종 질병에 시달렸기 때문에 유아의 사망률이 매우 높았다.

그런 환경에서 아기가 돌을 맞이했다는 것은 성장 초기의 어려운 한 고비를 무사히 넘겼다는 뜻이 되므로 이를 경하하게 된 것이 돌잔치의 유래가 아닐까 한다.

그리고 이것이 오랜 세월동안 지속되면서 풍습화된 것으로 추측된다. 그러므로 돌잔치는 백일잔치보다는 비교적 성대하게 치르며 간혹 백일잔치는 못하더라도 돌잔치는 웬만한 가정이면 차려주고 있다.

그 예로 역사 속 돌잔치 기록을 찾아보면, 『국조보감(國朝寶鑑)』에 "정조(正祖) 15년 6월조에 원자(元子)의 돌날 온갖 장난감을 담은 소반을 집복헌(集福軒)에 차려놓고 대신(大臣)과 경재(卿宰)에게 들어와 보도록 명하였다. 여러 신하들이 다 축하의 말을 하고, 신하들로부터 서리, 하예(下隷), 군졸, 거리의 백성들에게까지 떡을 내렸고, 특별히 조관(朝官)과 사서인(士庶人)으로서 유배 이하에 해당되는 죄를 지은 사람의 죄명을 씻어주었다."라는 돌잔치 기록이 있다.

또한 『정조실록(正祖實錄)』은 물론 『합벽사류(合璧事類)』, 『동경몽화록(東京夢華錄)』, 『애일노총초(愛日盧叢抄)』, 『사원(辭源)』에 '수반(邌盤)', '시수(試邌)', '고주(孤周)', '시주(試周)' 등의 말이 나오는데 이들 모두 돌을 뜻한 말로 그 풍속이 오래된 것임을 알 수 있다.

이수광의 『지봉유설(芝峰類說)』 「인사부(人事部) 생산편(生産篇)」에서도 중국의 『안씨가훈(顏氏家訓)』을 인용하여 한국의 돌잔치 풍습이 오래 전부터 있었다고 기록하고 있다. 『지봉유설(芝峰類說)』에서는 돌잔치가 한국의 경축행사로서 왕실은 물론 서민에 이르기까지 널리 행해졌다고 한다.

이처럼 돌에는 아이에게 옷을 잘 입히고 돌상을 차린 뒤 돌잡이를 하고 음식을 여러 사람과 나누어 먹는 돌잔치가 중요한 의례가 되었고, 돌날에는 아기의 일가친척이 아기의 건강과 엄마의 노고를 치하하고 앞으로도 아기가 무병장수하기를 기원했다.

그렇지만 남의 손을 타면 좋지 않은 잡귀가 와서 아이를 해코지한다는 말 때문에 있어 자손이 귀한 집안에서는 돌잔치를 치르지 않는 경우도 있었고, 아기가 너무 잘생기면 귀신이 시샘하여 잡아간다는 말도 있어 지역에 따라선 돌잔치 때 아이에게 헌옷을 입히기도 하였다.

이렇듯 아기는 많은 가족들의 축복을 받으며 이 세상에 태어난 그 순간부터 몸을 뒤집고, 기어다니고, 걸음마를 배우고 수백, 수천 번 넘어지면서 성장한다. 그리고 그 과정을 거쳐 돌이 되면 드디어 걸음마를 시작한다.

그동안 장티푸스, 홍역, 감기 등 각종 병마와 싸우느라 긴긴밤을 고열과 울음으로 지새는 것도 수십 번. 태어난 지 1년이 되는 해에, 이 모든 것을 하나의 스토리로 엮어내면 한 권이 넘는 책이 될 수 있다.

우리나라 관습 중에서 돌잔치처럼 절대 빠뜨리지 않고 중요하게 챙기는 것 중 하나가 바로 환갑잔치이다. 위에서도 언급했지만, 옛날에는 의학이 발전하지 못했고 여러 가지 질병이나 사고가 잦아 대부분의 사람들이 60세가 되기 전에 죽었다. 그래서 누군가가 60세를 넘기면 지금까지 건강하게 살아있음을 축하하고, 앞으로 더 나은 여생을 살기 바라는 축원의 뜻으로 환갑잔치를 열었다.

환갑의 '환'은 돌아오는 것을 뜻하고, '갑'은 60년을 뜻한다. 즉 환갑이란 자기가 태어난 해가 60년 주기로 다시 돌아옴을 뜻한다. 보통 환갑잔치는 60세에 하는 것이라 착각하는 경우가 많은데, 우리나라는 배냇나이라고 하여 태어난 순간 한 살을 먹기 때문에 태어난 해가 60년 주기로 돌아오면 61살이 되므로 61세 때 환갑잔치를 연다.

그렇게 환갑잔치를 받은 어르신이 70세가 되면 칠순잔치를, 80세가 되면 팔순잔치를 연다. 여기서 순이란 표현은 한 달을 셋으로 나눈 열흘을 지칭하는 말로, 우리가 보통 한 달을 초순, 중순, 하순으로 나누는 것에서 유래했다.

이러한 연유로 환갑잔치는 61세에, 칠순잔치는 70세에 팔순잔치는 80세에 한다. 그분들의 장수를 축하하는 것도 훌륭한 일이지만, 그분들의 삶이자 역사인 경험은 후세를 위해서라도 기록(책)으로 남겨야 할 무엇보다 소중한 보물이다.

지금 이 책을 보고 있는 당신은 이제 막 돌을 지난 친구보다 수십 년의 인생을 더 살았다. 비록 칠순, 팔순은 아직 되지 않았으나 그동안 쌓아온 당신의 인생 경험은 누구도 겪지 못한 멋진 스토리이며 값진 선물이다.

나의 32년간 경험상 대한민국 경찰의 업무는 크게 내근과 외근으로 구분되고 있다. 허나 10개가 넘는 과를 시작으로 과 안에는 몇 개의 계가, 계 안에는 여러 종류의 팀이 존재하기에, 업무의 다량성은 어느 직종보다 많다고 할 수 있다.

그러므로 같은 배명 일자를 가진 경찰 동기라도 서로 경험한 내용은 전혀 상이할 수밖에 없다. 이렇듯 우리 모두는 세상에 하나 밖에 없는 멋지고 귀한 자신만의 보물을 가지고 있는 것이다.

'경험은 가장 훌륭한 스승이다. 다만 학비가 비쌀 따름이다.'라고 영국의 평론가이자 역사가인 토머스 칼라일은 말했다.

인생이 계획대로 흘러가는 경우가 거의 없는 것이 현실이다. 그렇다고 당신이 겪어오며 지불한 값비싼 수업료를 공중에 날려 보내기에는 당신이 투자한 시간과 노력이 아깝지 않느냐고 묻고 싶다.

누구도 똑같은 인생은 살지 못한다. 때문에 당신의 경험은 이 세상에 하나밖에 없는 귀한 보물이다. 그 보물을 빛나게 하고 세상 사람들에게 보여줄 책임이 당신에게 있다는 것을 잊지 말아야 한다.

책 쓰기는 성공한 사람들의
필수 코스다

성공의 비결은 단 한 가지, 잘할 수 있는 일에 광적으로 집중하는 것이다.

— 톰 모나건 —

2012년 2월 6일. 우리나라 경찰관들이 제일 근무하고 싶어하는 곳, 즉 '경찰들의 로망'인 경찰교육원에서 교수요원 근무를 마무리하고 현장으로 복귀한 나는 힘든 여건 속에서도 과감히 책 쓰기에 도전장을 내밀었다.

2015년 9월에 초고를 완성하고 그 해 10월부터 2016년 3월까지 10번의 탈고를 한 후 출판사 15곳에 투고를 하였으나 첫 일주일 동안은 어느 출판사에서도 소식이 오지 않았다.

그러나 2주차에 6곳에서 연락이 왔고, 나는 나 자신의 첫 번째 책이라는 점과 나의 스펙을 쌓기 위한 방향을 고려하여 행복에너지 출판사와 계약을 하였다.

그렇게 첫 번째 책을 낸 뒤 이 글을 쓰게 된 까닭은, 책을 쓰고 싶은 분이 많은데 실제로 책을 내는 분들은 많지 않기 때문이다. 비록 내가 갓 책을 낸 새내기 작가이긴 하지만, 그런 내 경험이라도 공유하면 도움이 되지 않을까 한다.

이 글에는 내가 경험한 2년 반의 책 쓰기 경험을 알려 조금이나마 다른 사람들의 고통과 시행착오를 줄일 수 있었으면 좋겠다는 나의 작은 희망이 포함되어 있다.

2014년부터 나의 '책 쓰기 프로젝트'는 시작되었다. 첫 번째 과정은 그간의 독서량을 믿고 쓰고자 하는 책의 장르 및 제목을 찾는 과정이었다.

그러나 책을 써본 경험이 없고 주위에 자문을 구할 사람도 없어 다람쥐가 쳇바퀴 돌리듯 시간만 축내다가 책 쓰기 과정을 교육해주는 곳을 찾아 분당에서 16주간(4주 과정과 12주 과정 등록) 고가의 교육비를 냈고, 직장인이라 시간을 내기가 어려워 휴가까지 써가면서 교육에 참석하게 되었다.

그렇게 12주 교육을 받으면서 장르를 정하고 제목과 목차를 만드는 성과를 낸 후 3개월 안에 초고를 완성하기 위해 모든 역량을 집중해 3개월 만에 초고를 완성했다.

초고를 완성한 후 2주간은 초고를 보는 대신 다른 책들을 봤고, 다시 초고를 붙잡은 뒤로는 6개월간 10번의 탈고를 하였다. 이 기간이 얼마나 고통스러웠는지. 불면증, 편두통, 장염, 각막손상 등의 병마가 찾아오는 것으로도 모자라 어금니 2개에 금이 갈 정도였다.

탈고를 마친 후 출판사에 투고를 하여 3주 만에 계약을 하고 출판사와 5번의 교정을 거치는 와중에 한국출판문화진흥원에서 주최하는 공모전이 있어 응모한 후 3개월을 기다렸으나 당선명단에는 이름이 없었다. 허나 이에 굴하지 않고 출판을 다시 진행했다.

추천서를 받고 책 표지를 선택하고 나자 드디어 내가 그토록 바라던 나의 분신이 이 세상에 빛을 보게 되었다.

이 과정 속에서 나는 출판사의 거절 의견을 통해 많은 것을 배웠다. 첫 번째 출판사에서 원고가 통과돼 책이 나왔다면 오히려 오만해졌을지도 모른다.

만약 당신이 책을 쓰고 싶다면 출판사의 거절에 익숙해져야한다. 때로는 거절 의견조차 없을 수도 있다. 만약 거절 의견을 받는다면 '충분히 가능성이 있다.'는 뜻으로 받아들이면 되고, 거절 의견조차 없다면 '뭔가 색다른 변화가 필요하다.'는 뜻으로 받아들이면 될 것 같다.

1월 셋째 주 목요일. 오후 지구대에서 주간 근무를 하고 있는데 H보험에서 팀장으로 근무하는 초등학교 동창생의 전화를 받았다.

고객 상담요청이 있어 한 고객의 아파트를 방문하여 집안으로 들어간 순간 거실 탁자에 많이 보던 책이 눈에 띄어 자세히 보니 내 책이었다고 한다.

반가운 마음에 "고객님! 이 책 어디에서 구입하셨어요?"라고 물으니 "신랑이 서점에서 사왔는데 너무 감명을 받고 재미있게 잘 보았다고 한다."라는 말씀에 "그 책의 작가가 제 초등학교 친구입니다."라고 답하니 그 부부가 꼭 그 작가를 만나고 싶다는 말씀을 전해달라고 했다는 내용이었다.

이 이야기를 듣고 "이제 나도 진짜 작가가 되었구나." 하는 감동이 몰려왔다.

최근 나는 두 번째 원고로 정했던 '독서 레시피'를 뒤로 미루고 요즘 비전이 없어 혼탁한 시기를 보내고 있는 경찰관들에게 새로운 비전을 주는 책 쓰기 과정을 추천하고자 '책 쓰기'를 주제로 한 책을 쓰고 있다.

현재 40대를 넘긴 경찰관들은 가정과 직장 모두 안정적으로 유지하고 있으나, 경찰이란 직업의 특성상 엄청난 스트레스를 받고 있다. 그러나 그들의 정신적 고통을 이해하거나 개선하는 정책은 없는 상태라 여러 가지 불행한 사건들이 빈번하게 발생하고 있다.

이러한 사례를 방지하고자 나는 책 쓰기 과정을 강력하게 추천하며 온라인서점의 인기도서 사례를 살펴봤다.

2016년 6월 22일 천지일보 문화계열 기사를 보면 인터파크도서에서 도서 TOP10을 뽑았는데 그 중 1위는 혜민 스님의 『완벽하지 않은 것들에 대한 사랑』이라고 한다. 『EXO: A DAY IN EXOPLANET』, 법륜 스님의 『행복』 등이 그 뒤를 이었고 『백종원이 추천하는 집밥 메뉴 54』와 『미움 받을 용기 2』가 각각 9위와 10위에 랭크되었다고 한다.

책을 쓰려면 최소 150권 이상의 독서량이 필요하다. 우선 독서를 통해 새로운 지식을 습득하자. 그러다보면 스트레스가 해소되어 마음의 안정을 찾을 수 있고, 자신의 꿈과 비전이 바로 눈앞에 있기에 눈빛이 빛나는 경찰관이 될 수 있다. 또한 책을 쓰는 과정을 통해 내공이 깊어진다.

　이처럼 자기계발 서적을 수십 권 읽는 것보다 자기 이름으로 된 책 한 권을 내는 게 자기계발에 더 효과적이다.

독자로서 독서하기보다
작가로서 생존하기 위한 독서를 하자

1퍼센트의 가능성, 그것이 나의 길이다.

— 나폴레옹 —

내 나름대로 독서를 즐겨하는 생활(평일 하루 한 권 읽기. 주말에는 3~7권)을 꾸준히 해왔다고 자부하던 어느 날, 문득 책 쓰기를 해야겠다는 생각이 들어 책 쓰기에 과감히, 아니 책 쓰기를 우습게 생각하고 대들었다.

그러나 막상 책 쓰기를 해보니까 독서와는 완전히 격이 달라 극과 극의 현실을 절실하게 느끼며 주춤하고 있었다. 그 시기에 우연히 다시 이지성·정회일 작가가 함께 쓴 『독서천재가 된 홍대리』를 읽은 나는 무릎을 치고 말았다.

나 말고도 세상에는 하루에 책 한 권씩을 매일 읽는 사람이 많다는 사실에 자극을 받고 다시 한 번 마음을 추스르는 계기가 되었다.

20년 차 독서코치 김은미 작가는 『생존도서』를 통해 '읽은 만큼 성장하는 책 읽기' 노하우를 공개했다. 삶의 만족도 조사에서 OECD 최하위권을 차지하고 있는 최근 대한민국에서 현실에 만족하고 사는 사람들이 몇이나 될까?

그만큼 한국인은 우울하다. '헬조선', '수저 계급론', 'N포세대' 등 자조적인 유행어가 매일 아침 조간신문을 가득 채운다. 어렵고 바쁜 현실 속에서 '성장'을 고민하기란 쉽지 않다.

특히 객관적으로는 만족스러울 것 같은 삶인데도 왠지 모르게 행복하지 않고 자신의 삶에 의문을 갖는 사람이 늘고 있다. 저자는 이처럼 자신의 삶에 만족하지 못한다면 성장만이 답이라고 말한다.

지금보다 더 나은 모습, 자신이 진짜 원하는 삶, 스스로 바라던 자신의 모습에 조금이라도 가까워지면 그만큼 행복해질 수 있다는 것이다. 그리고 저자는 독서가 성장의 가장 확실한 방법이라고 주장한다.

『생존독서』는 책을 통해 자기 자신을 있는 그대로 대면하고 인정하는 책 읽기부터 내가 원하는 삶과 나의 모습 찾기, 나를 뛰어넘어 더 성장하는 독서 방법 등을 담았다.

저자는 책을 분해하고 요약하는 '정리', 주제에 맞는 자료를 찾아 분석하는 '통합', 능동적으로 묻는 '질문', 작가와 소통하며 읽는 '소통', 분명한 목적의식으로 책을 완벽히 내 것으로 만드는 '목적' 등 '생존독서' 5계명을 제시한다.

책을 읽으며 이를 어떻게 적용할 수 있는지 보여주고, 실제 따라 해볼 수 있는 표도 제공한다. 끊임없는 성장을 원하는 사람은 『생존독서』를 통해 내면에 웅크리고 있는 자신과 더 가까워지는 방법을 배울 수 있다.

다음은 보편적으로 이루어지고 있는 책 쓰기 과정을 3단계로 나눈 것이다. 독자가 아닌 작가로서 참고하시기 바란다.

첫 번째는 기획하기 단계로 어떤 책을 쓸 것인지, 어떤 장르와 분야를 정하는 것을 시작으로 쓰고 싶은 차별화된 콘셉트 정하기, 눈에 확 뜨이는 제목 정하기, 참고도서, 경쟁도서 분석하기, 목차 만들기, 출간 계획서 작성하기 등이 포함된다.

두 번째는 원고쓰기 단계로 각 꼭지에 들어갈 사례 찾기, 첫 문장 쓰기의 두려움 극복하기, 샘플 꼭지 작성 후 원고 집필하기, 단시간(2~3개월)내에 초고 완성하기, 탈고(5~10회) 후 원고 다듬기를 한다.

세 번째는 출판 계약하기 단계로 출간제안서 작성하기, 저자 프로필 쓰기, 출판사 이메일 주소 수집하기, 원고 보낼 출판사 선정하기, 출판사에 원고 피칭하기, 출판사와 교정하기, 추천서 받기, 최상의 조건으로 출판 계약하기, 출판기념회, 내 책을 알리는 활동(SNS를 비롯한 온·오프라인 상) 등이 있다.

이렇듯 책을 쓸 때는 내가 생각지도 못한 여러 복잡한 과정이 줄줄이 줄 사탕처럼 딸려 오기에, 중도에 포기하는 사람들의 고통을 조금이나마 이해하는 계기가 되었다.

중국 저장성 출신으로 중국어권 최고의 작가로 불리는 위화는 에세이집 『사람의 목소리는 빛보다 멀리 간다』에서 열 개의 키워드로 급격한 변화를 거쳐 온 중국사회의 어제와 오늘을 깊은 통찰력을 바탕으로 말한다.

원제는 『열 개 단어 속의 중국(十個詞彙中的中國)』으로 인민, 영수, 독서, 글쓰기, 루쉰, 차이, 혁명, 풀뿌리, 산채, 홀유 등 열 개의 단어를 통해 과거와 당대의 중국의 내부를 본다. 우리는 위화의 시선을 통해 중국이란 나라의 특징과 사회현상을 엿볼 수 있고, 중국의 30여 년 역사 속에서 작가들의 독서 방법과 글쓰기 방법의 변천과정을 알 수 있다.

책이 없는 시대에 성장한 작가 위화가 초등학교를 졸업하던 여름방학(1973), 문화대혁명이 7년째로 접어들었을 때 마을 도서관이 다시 문을 열었다. 그의 아버지는 형과 위화에게 도서 대출증을 만들어 주었다.

당시 중국사회는 거의 모든 문학작품이 '독초'로 분류되어 있었기에 도서관에 있는 책은 겨우 20여 종 뿐이었다. 그마저도 국내 사회주의 혁명문학이었지만 그는 그마저도 전부 읽었다고 한다. 중학교 때에는 독초라 불리는 소설까지 읽었다.

마오쩌둥이 죽고 문화대혁명이 끝나고 나서야 중국에 문학이 돌아왔다. 서점은 참신한 문학작품들이 가득해졌고, 위화는 그 시기에 많은 외국 작가들의 소설을 접하게 되었다. 그는 문화혁명이 남긴 독특한 풍경인 길거리 독서를 통해 많은 책을 접한다.

이후 금서들이 다시 출판되기 시작하면서 톨스토이와 발자크, 디킨스 등의 문학작품이 처음으로 그의 마을에 있는 신화서점에 도착한다. 책의 수량이 한정되어 있다는 말에 서표를 받고 밤새 혹한 추위를 견디면서 긴 줄을 서서 기다렸지만 책은 고작 50권('안나 카레리나', '고리오 영감', '데이비드 코퍼필드' 등) 밖에 없었다고 한다. 때문에 그는 책을 접하지 못하고 돌아가야만 했다.

그때의 심정을 그는,

> 그 시대 너무나 독서에 굶주려 있었기에 이런 문학 명저의 참신한 표지를 구경하는 것만으로도 엄청나게 즐거웠다. 인심 좋은 몇몇 사람들이 자신의 새 책을 펼쳐 책을 사지 못한 사람들에게 코로 잉크 냄새를 맡아보게 해주었다. 나도 이런 기회를 얻을 수 있었다. 나로서는 처음으로 새 책 냄새를 맡아보는 것이었다. 연한 잉크 냄새가 신성한 향기처럼 느껴졌다.

고 회상한다.

나는 이 회상을 보면서 '오늘날 이런 식으로 독서에 대한 열망으로 가득 찬 모습을 볼 수 있으면 얼마나 좋을까?'라는 생각을 했고, 과거와 현재의 독서에 대한 인식 차에 만감이 교차하곤 한다.

『내가 공부하는 이유』, 『독서력』 등의 저서로 한국과 일본의 300만 독자를 사로잡은 공부 전문가이자 언어학자이며 베스트셀러 작가인, 메이지 대에서도 괴짜로 유명한 사이토 다카시 교수.

그는 현재 일본 최고의 교육 심리학자이자 인기 교수로 손꼽히지만, 젊은 시절에는 매달 생활비를 걱정해야 할 정도의 빈털터리에 논문조차 인정받지 못하는 평범한 대학원생이었다. 남들보다 한참 뒤처지고 있다는 생각에 불안하고 초조했던 그에게 '독서'는 유일한 돌파구였다.

『독서는 절대 나를 배신하지 않는다』는 그때 생긴 책 읽는 습관을 바탕으로 사이토 다카시가 깨달은 독서의 기술을 알려주는 책이다.

추천 도서가 아니라 끌리는 책부터 먼저 읽으라거나 살 책이 없어도 일단 서점에 가라는 식의 독서 습관을 기르는 방법부터, 일주일에 10권을 읽는 동시병행 독서법, 더 깊은 통찰을 주는 질문 독서법, 중간에 포기하지 않고 고전을 읽는 법 등 살아 있는 독서법 25가지가 담겨 있다.

그는 이 책에서 "독서를 시작하기만 한다면 변화는 이미 시작된 것이다."라고 강조했다.

프랑스의 사상가 미셸드 몽테뉴는 "내가 우울한 생각의 공격을 받을 때 내 책에 달려가는 일처럼 도움이 되는 것은 없다. 책은 나를 빨아들이고 마음의 먹구름을 지워준다."고 했다.

책을 보는 것을 즐겨하는 것도 중요하지만 작가로서 책을 보는 것은 더욱더 독서의 집중력이 높아질 수 있다. 때문에 나는 '독자로서 독서하기보다 작가로서 생존하기 위한 독서를 하자.'고 권한다.

직장이 싫어도 작가가 될 때까지 버텨라!

절대 포기하지 말라. 당신이 되고 싶은 무언가가 있다면, 그에 대해 자부심을 가져라.
당신 자신에게 기회를 주어라. 스스로가 형편없다고 생각하지 말라.
그래봐야 아무 것도 얻을 것이 없다. 목표를 높이 세워라. 인생은 그렇게 살아야 한다.
— 마이크 맥라렌 —

내가 순경에 임용된(1987. 11. 2) 때부터, 정확히 어느 날인지는 기억에 없지만 상의 속주머니에 사직서를 써서 넣고 다니다가 년도가 바뀌면 날짜를 수정하여 다시 속주머니에 넣는 것을 반복한지 32년이란 세월이 흘렀다.

그만큼 경찰이란 조직에 머무는 것이 쉽지 않다는 것을 간접적으로 보여주는 사례라고 말할 수 있다. 지금은 언제든지 명퇴도 가능하고 연금을 받을 수 있는 경력까지 쌓았기에 사직서를 가지고 다니지 않아도 되는 나이가 되었다는 아쉬운 마음과 함께 가슴 한 구석에 허전함이 밀려온다.

우리가 살고 있는 사회에서 회사원을 위한 회사는 없다고 한다. 또한 한국의 근로자들은 그 어떤 국가보다 바쁘기로 정평이 나있다. 한국 근로자는 연간 2,163 시간을 일한다고 한다. OECD 국가 평균(1,770

시간)보다 1년에 50일을 더 일하는 셈이다.

그렇다면 열심히 일한 만큼 근로자들의 고용안정성도 보장되는 것일까. 한국 근로자의 평균 근속년수는 6.4년(고용노동부 2014년)에 불과하다. 평생직장은 옛말이 되어 버린 지 오래다. 왜 일은 많이 시키면서 고용은 보장해주지 않을까. 물론 고용이 어려운 경제 상황 때문일 수도 있다.

하지만 2000년 이후 기업과 가계 모두 어려워졌음에도 불구하고 기업소득과 가계소득의 성장률 격차는 점점 더 벌어지고 있다. 직장인들의 고생만큼 회사는 성장하지만 정작 직장인들의 몫은 제자리걸음이란 소리다.

오늘도 야간 근무를 하는 직장인의 숫자는 헤아릴 수 없을 정도로 많다. 그러나 그들의 열악한 근무 환경은 쉽게 개선되지 않고 있는 것이 우리의 현실이다. 근무 환경을 보는 사용자와 근로자의 시선이 너무나도 차이가 난다는 것이 세간의 공통적인 인식이다.

현대인은 모두 바쁘다. 아니 '헛' 바쁘다. 바쁨을 과장하고 산다는 소리다. 바쁘다고 하면서 TV를 보거나 스마트폰을 들여다보는 시간은 우리들의 생각보다 훨씬 길다. 그런 시간을 독서시간으로 바꾸면 어떻게 될까? 간단히 말하자면, 인생이 바뀐다.

2013년 OECD는 24개 회원국 16만 명을 대상으로 직업역량을 조사했다. 한국은 문해력에서 13위, 수리력에서 17위, 컴퓨터 기반 문제해결력에서 15위를 기록했다. 세 분야 모두 OECD 평균 이하다. 이는 국가적인 문제이기도 하지만 분석의 수준을 조금만 내리면 기업 임직원의 역량 문제로 볼 수도 있다.

임직원 개개인들이 '통근길 독서'와 '자신만의 도서관, 자신을 위한 대학과정'을 스스로 만들어보고, CEO는 기업 차원에서 그들이 충분히 시간을 가질 수 있도록 조금만 배려하면 어떨까.

기업의 경쟁력이 달라지고 한국이 변화할지도 모를 일이다.

그렇게 통근길 시간을 독서에 투자해 인생을 바꾼 사람이 있다.

마을버스를 타고 지하철을 2번 갈아타야 회사에 도착하는 1시간 30분의 출근시간. 30년 간 같은 회사를 다니며 출근시간 동안 독서를 하여 말단사원에서 사장으로 승진한 남자. 그에게는 지하철이 연구실이었다.

위의 사례는 홍성국 전 미래에셋 대우사장의 이야기다. 그의 사연은 오늘을 사는 우리에게 많은 질문을 던진다.

책 한 권을 출간했다고 해서 전문작가가 되었다고는 할 수 없지만, 자신만의 기준점을 가지고 회사 다니기 싫어도 작가가 될 때까지 버텨라. 출간을 하면 작가가 되지만 작가로서 뿌리를 내리기 위해서는 3년 정도의 과도기를 거쳐야만 한다.

파도가 무서워도
항해를 하지 않으면 안된다

고통이 남기고 간 뒤를 보라! 고난이 지나면 반드시 기쁨이 스며든다.
—— 괴테 ——

〈무한도전〉은 2005년 4월 23일부터 제작, 방영 중인 MBC의 간판 예능 프로그램으로 대한민국 리얼 버라이어티를 주류 방송으로 만든 대표 프로그램 중 하나다. 2016년 10월에 500회 방영 돌파, 2017년 4월에 12주년이 되었다.

한국 갤럽이 2013년부터 조사하기 시작한 '한국인이 좋아하는 프로그램'에서 거의 항상 1위를 차지했다. 또한 2006년 10월 7일부터 2017년 4월 1일 방송분까지 시청률이 10% 아래로 내려간 적이 없을 정도로 꾸준하게 인기를 유지하고 있다.

이렇게 꾸준한 인기를 유지할 수 있었던 비결은 이전의 예능 프로그램과 달리 무한도전은 출연자들이 개인적인 역량을 발휘해 방송에 주도적으로 개입할 수 있게 하여 제작진의 개입이 최소화된 '관찰 예능' 형식에 도전했고 진화에 성공했기 때문이다.

남이 가지 않은 길을 가는 것, 즉 도전(挑戰)이라는 단어를 풀이하면

"싸움을 거는 것"을 뜻하지만 승부의 세계에서는 보다 나은 수준의 상대에게 승부를 거는 것을 일컫는다.

도전정신이란 예상되는 어려움에도 불구하고 이를 극복하겠다는 불굴의 의지를 가지고 목표를 향해 매진하는 것으로 정의할 수 있으며 도전정신을 논할 때는 보편적으로 세 가지 기준을 제시한다.

첫째, 구체적이어야 한다.
둘째, 달성하기가 힘들어야 한다.
셋째, 단 1%라도 성공할 확률이 있어야 한다.

그렇게 목표를 정한 뒤 이를 달성하기 위한 도전정신을 기르기 위해서는 다음과 같은 행위를 실행해야한다.

첫째, 실패를 두려워하지 말아야 한다.
둘째, 위험을 피하지 말아야 한다.
셋째, 자신을 믿어야 한다.

고(故) 아산 정주영 회장은 한국 현대 경제사에서 삼성을 일군 호암 이병철과 함께 창업 1세대의 '성공 신화'를 대표하는 기업인으로 꼽힌다.

정주영 회장은 "이봐, 해봤어?"로 상징되는 불굴의 도전정신을 보여주는 여러 일화들을 남겼다. 그는 1971년 조선소 건립 사업계획서와 예정 부지인 울산 미포만의 백사장 사진만 들고 영국으로 건너가 거북선이 그려진 500원짜리 지폐를 보여주며 "우리는 400년 전에 이미 철갑선을 만들었다."고 당당히 말해 차관 도입과 선박 수주를 성사시켰다.

1984년 천수만 방조제 공사 때는 큰 바윗덩이도 순식간에 쓸려갈 정도로 유속이 빠른 곳에 길이 322m의 고철 유조선을 가라앉혀 물막이에 성공한 이른바 '정주영 공법'을 선보였다.

그 외에도 그는 한국 최초의 고유 모델 자동차인 포니로 마이카 시대를 열고, 국토의 대동맥인 경부고속도로를 건설했으며, 세계 굴지의 건설사들을 제치고 사우디아라비아의 주베일 항만 공사를 따내 '오일 쇼크' 극복에 일조했다.

그의 이름 앞에 '위기의 승부사', '세기의 도전자', '불굴의 개척자' 같은 수식어가 붙는 이유다. 정주영 회장의 동생인 정상영 KCC 명예회장은 "형님이지만 개인적으로 가장 존경한다. 형님은 실패를 두려워하지 않았다."고 회상했다.

인문경영연구소 전경일소장은 칼럼 〈멋진 인생 항해를 계속하려면〉에서 이렇게 말했다.

멋진 인생 항해를 계속하려면 인생은 항해와 같다. 이런 비유는 낯설지 않다. 포구를 떠난 배는 항해에 나서고, 때론 풍랑을 만나 거친 파도와 싸운다. 바다에 평온이 찾아오면 한가로이 햇볕을 쪼이며 차를 마신다. 그 눈빛은 멀리 수평선에 맞닿아 (…중략…) 잔잔한 바다라도 폭풍으로 일렁이기도 하고 언제 그랬냐 싶게 잔잔해 지곤 한다.

스무 살 무렵, 처녀항해에 나설 땐 사회라는 거대한 바다 앞에서 누구나 마음 부푼다. 이땐 '도전'이란 키워드가 가장 적합하다. 안전해 보이던 항해가 풍랑을 만나면서 우리는 아이를 낳고, 부모가 되고, (··중략··) 안정은 준비 없이는 얻어지는 게 아닐 것이다.

누구든 인생의 최종적인 목표는 '평온'과 '안정'같은 키워드일 것이다. 젊어서 더 큰 파도를 겪어 본 사람일수록 안정에 대한 갈구가 큰 것도 이 때문이다. (··중략··) 삶을 살아낸 힘이 여기에 있다.

인생을 요즘 기업 용어로 '지속가능'하게 하려면 몇 가지 원칙이 있다.

첫째는 좌초하지 말아야 한다.
두 번째로는, 지속성을 위한 여유자원을 확보해 두어야 한다.
마지막으론, 실행력이다. 과거 자기계발을 위한 지침들은 주로 사람의 '생각'에 초점을 맞춰왔다.

누구나 여분의 자원과 시간을 만들길 원하고 느긋하게 갑판위에서 차를 마시는 멋진 풍경을 떠올리고 싶을 것이다. (··중략··) 급한 삶, 가파른 삶이 아닌, 천천히 가는 삶은 조금은 부족해도 얻어질 수 있지만, 남다른 실행력이 뒤따르면 조금은 넉넉하게 맞이할 수 있다. 이점은 시간이 지나도 바뀌지 않는다.

세계적인 기업인 구글 역시 성공가도만 질주해 온 것은 아니다. 그들에게도 뼈아픈 실패의 기억이 존재한다.

그런데 구글은 실패를 받아들이는 자세가 다른 기업과 사뭇 다르다. 실패를 숨기지 않고, 부끄러워하지도 않는다. 오히려 적극적으로 실패를 자산으로 축척한다. 성공을 위한 기초체력으로 삼는 셈이다.

구글 웨이브가 실패했을 때 에릭 슈미트는 "구글은 실패를 칭찬하는 회사"라고 말했다.

스위스의 법률가 힐티는 "그대가 얻고 싶은 것을 가졌거든 그것을 얻기에 바친 노력만큼 그대도 노력하라. 이 세상 모든 물건은 대가없이 얻을 수 없다. 남이 노력해서 얻은 것을 그대는 어찌 팔짱을 끼고 바라만 보고 있는가?"라고 말했다.

험하다고 생각되는 이 세상에서 당신을 비전을 이루기 위해서는 항로를 개척하는 선장이 되어야할 의무와 책임이 뒤따른다는 것을 다시 한 번 명심하라. 그리고 굳은 정신력과 체력을 키워라.

비전을 이루고자 한다면, 아무리 파도가 무서워도 항해를 하지 않으면 안 된다.

나의 브랜드화,
책임은 나에게 있다

마음만을 가지고 있어서는 안 된다. 반드시 실천하여야 한다.

— 이소룡 —

어느 날, 나는 그동안 내 본래의 리듬을 외면한 채 주위사람들의 리듬을 흉내내면서 살아왔다는 것을 깨닫게 되었다.

이러한 나의 모습, 즉 남을 흉내내는 삶에는 나라는 존재의 생명력이 없다. 그 이유는 이 지구상에 존재하는 우리 모두가 누군가의 복사판이 아닌 원판으로 '천상천하 유아독존' 그 자체이기 때문이다.

이와 더불어 우리는 모두 세상에서 유일한 개성을 가진 존재들이다. 우리는 각기 다른 몸짓을 하고, 각기 다른 노래와 다른 춤을 추지만 이것만으로도 훌륭한 하모니가 이루어진다. 그것이 생명의 리듬이 가진 신비로운 현상이다.

이신화 작가는 『직장인을 위한 생존전략』에서 개인 브랜드에 대해 이렇게 말했다.

평생직장의 개념이 사라진 지금은 자신을 브랜드화 하는 '개인 브랜드' 경쟁이 치열해지고 있다. 자기계발의 개념을 넘어 '개인 브랜드'는 내 몸 값을 스스로 결정해서, 나 자신으로부터 평생의 수익을 도출한 것이다. 더 복잡해지고, 더 정교해지고, 더 날카로워진 시대에 경쟁력을 갖춘 브랜드를 가진 사람만이 살아남을 수 있다.

또한 개안 브랜드 전략 5가지를 요약하면서 다음과 같이 말했다.

전략 1. 스스로의 이름을 개인 브랜드로 만들기 위해서는 자신의 능력을 제대로 알고 남보다 경쟁력을 가질 수 있도록 키워야 한다.

전략 2. 자신의 가치를 높이고 싶다면 자신의 개인 브랜드 가치를 높게 만들어야 한다.

전략 3. 일하는 과정과 일의 결과를 통해 자신의 능력을 주위에 알려야 한다. 즉 브랜드 가치에 합당한 노력을 해야 한다.

전략 4. 21세기는 무한경쟁시대로 어떤 일을 하든지 자기자신을 효과적으로 드러내야만 제대로 평가받고 선택받을 수 있다.

전략 5. '늦었다 싶을 때가 바로 적기'라는 말이 있다. 지금 당장 목표를 세우고 차근차근 '당신의 브랜드' 전략을 실천해 나간다.

취업포털 인크루트(www.incruit.com 대표 이광석)에서 설문조사한 '평생 직장 vs 평생직업' 결과를 보면 우리의 현실을 직시할 수 있다.

이 조사에서 직장인들은 현재 업무가 평생 직업이 될 수 없다고 생각하면서도 언젠가는 평생직장을 얻을 수 있을 거라고 믿는다는 결과가 나왔다.

또한 평생직장과 평생직업이라는 개념 중에서 향후 본인이 얻고자 하는 것은 어느 쪽인가에 대한 물음에 과반수가 넘는 사람들이 평생 직업을 꼽았다고 한다.

이용찬, 신병철 작가는 함께 저술한 『삼성과 싸워 이기는 전략』에서 이렇게 말했다.

'개인 브랜드'라고 해서 단순하게 전문가가 되어야 한다는 것을 뜻하는 것이 아니다. 자신의 능력을 정확히 인식하고, 이를 세상에 정확하게 알려주는 적극적 개인이 되어야 하는 것이고, 자신의 인맥을 네트워크화해야 하고, 자기 자신을 가치 지향적으로 주변에 알려 주변 사람들이 알아서 입소문을 내줄 수 있는 그러한 '개인 브랜드'를 만들어야 한다.

그들은 이 책에서 '개인 브랜드화'의 개념 수립, 성공 전략, 관리 전략, 홍보 전략, 그리고 개인 경쟁력 강화를 위한 통찰 등을 총망라하여 체계적인 '개인 브랜드화' 과정을 제시한다.

그러면 개인이 브랜드화 되면 어떠한 효과가 있을까? 알아보면 다음과 같다.

첫째, 그 사람에 대한 믿음이 생기게 된다.
둘째, 개인 차원에서 정체성의 확립이 이루어진다.
셋째, 개인 브랜드화를 통해 나의 고객이 누구인지 알 수 있다.
넷째, 개인 브랜드화는 개인의 경쟁력을 높여준다.
다섯째, 이러한 결과들이 모두 결합되어, 궁극적으로는 개인의 몸값을 올려준다.

자신의 브랜드를 훌륭하게 만들고 싶을 땐 전통 있는 명품 브랜드 속에 들어있는 핵심적인 특질을 파악하면 많은 도움이 된다. 지금부터 명품 브랜드의 4가지 조건을 알아본다.

첫째, 대중들이 쉽게 인식하고 수용하는 '명성'이 있어야 한다.
둘째, 자기의 정체성을 살리되 고객이 원하는 브랜드를 확인해 만들어야 한다.
셋째, 투철한 장인정신이 있다.
넷째, 대중의 동경을 유발하는 희소성을 가져야 한다.

'네 시작은 미약하였으나 네 나중은 창대하리라.' 로마가 하루아침에 완성되지 않았듯이, 좋은 브랜드도 하루아침에 만들어지지 않는다.

글쓰기 작업도 이와 다르지 않다. 처음부터 완벽한 글을 적는다는 것은 불가능에 가깝다. 무엇보다, 진도가 나가지 않는다. 그냥 생각나는 대로 적어놓고 수시로 수정, 보완을 반복해야 한다.

미국출신의 자기계발 명강사이자 베스트셀러 작가인 앤터니 로빈스는 "나의 브랜드화 책임은 나에게 있다. 무슨 일이 일어나더라도 책임은 모두 자신에게 있다는 사실을 명심하라."고 말했다. 이 말을 절대 잊지 않도록 하자.

3장

2개월 투자하면 책 한 권의 저자가 된다

나의 장점, 단점, 경력이
한 권의 책이 된다

버들가지는 약하나 다른 목재를 묶는다.

— 조지 허버트 —

　나는 첫 단독서 『위대한 고객』을 집필하면서 나의 진정한 모습을 독자들에게 노출하는 것에 대한 부담감 때문에 많은 시간 고민한 경험이 있다. 보편적으로 타인에게 본인의 장점을 말하기는 쉬워도 단점을 말하기는 쉽지 않다. 이런 걸 내가 강의할 때 자주 사용하는 말인 "남자도 감추고 싶은 비밀이 있다"로 함축해서 표현하고 싶다.

　자신의 삶을 책임지는 사람이자 인생의 전문가로서 본인의 연륜, 즉 경험은 스스로 관리할 수 있어야 한다. 누구나 미성숙한 상태로 삶을 시작하여 수많은 시행착오를 겪으면서 성인이 된다. 많은 사람들이 같은 실수를 반복하면서 후회를 하고, 남들보다 뒤떨어지거나 처진 인생을 산다.

　한 번 뿐인 삶, 재방송이 없는 삶 속에서 연륜을 쌓기 위해 로마의 철학자이자 정치가였던 키케로는 인간이 극복해야 할 6가지 결점을 말했다. 그가 말하는 6가지 결점을 한 번 더 같이 새겨본다.

첫 번째. 자기의 이익을 위해서라면 남을 희생시켜도 된다고 생각하는 것.

두 번째. 변화를 알면서도 변하지 못하고 걱정만 하고 있는 것.

세 번째. 무슨 일을 할 때면 도저히 성취할 수 없다고 생각하고 움직이지 않는 것.

네 번째. 나쁜 버릇이나 습관을 알면서도 고치지 않는 것.

다섯 번째. 자기계발을 게을리하며 독서와 연구습관을 갖지 못하는 것.

여섯 번째. 자기의 사고방식이나 행동양식을 남들에게 강요하는 것.

"모든 단점은 장점이 될 수 있다."라고 말한 아르헨티나 출신의 세계적인 공격수, 리오넬 메시는 몸값으로만 따져 봐도 모든 축구선수를 통틀어서 1, 2위를 다툰다.

세계 곳곳에서 난다 긴다 하는 유명 선수들을 따돌리거나 맞붙기에는 왜소하고 작은 그의 몸. 겨우 12살 나이에 성장호르몬 분비 장애 진단을 받고 169㎝의 키에 만족해야 했다.

그러나 그는 자신의 단점인 체격을 장점으로 승화시켜 날렵한 몸짓과 드리블 능력, 순발력, 균형 감각, 빈 공간으로 파고드는 능력을 단련해 세계 최고 수준의 선수가 되었다.

"나는 축구선수가 되기에는 작은 키를 가지고 있으며 다른 선수들에 비해 신체조건이 뒤쳐진다는 걸 인정한다."라고 자신을 소개한 그는, 오히려 그 작은 키가 자신의 가장 큰 장점이 되었다고 누구에게나 당당히 말할 수 있게 되었다.

 이렇듯 내가 단점으로 생각했던 것이 때로는 장점이 되기도 한다. 등 뒤에서 나의 단점을 말하는 사람들의 수근거림이 그 어떤 의미도 갖지 않은 날이 오기도 한다.
 사람은 누구나 단점과 장점을 가지고 있다. 그러니 지금부터라도 자신을 좀 더 당당하게 대하자. 그리고 내가 어디로 나아갈지, 어떻게 나아갈지를 고민해보자. 단점에 좌절하지 말고, 단점을 장점으로 바꿀 수 있는 방법을 찾자.
 그리하면 나의 장점과 단점으로 인해 생긴 경험만으로도 한 권의 책이 될 수 있다. 그리고 독자들은 당신의 장점과 단점을 원한다.
 지금 이 책을 보시는 독자들을 비롯하여 지구상의 모든 사람들에게는 누구나 장점과 단점이 공존한다. 굳이 장점과 단점을 구분하지 않아도 되는데 사람들은 이를 구분하고 또 나눈다.
 하지만 장점과 단점은 상대적이면서도 동시에 상호보완적이다. 장점과 단점은 상대적인 개념인 것이다. 장점과 단점이 상대적인 개념이라는 것을 설명하기 위해 다음 학자의 "심리 유형론(성격이론)"을 살펴본다.

 카를 구스타프 융(Kesswil 태생)은 스위스의 정신의학자이자 분석심리학의 개척자로 목사의 아들로 태어나 가문의 전통을 이어받지 않고 바젤 대학교와 취리히 대학교에서 의학을 공부 정신과 의사의 길을 택한다.

그는 지그문트 프로이트와 함께 심리학, 정신분석학의 큰 줄기를 만든 학자로 프로이트의 수제자라 불릴 정도로 많은 영향을 받았지만, 결국엔 자신의 독자적인 이론을 창시하여 콤플렉스 심리학 혹은 분석심리학의 선구자가 되었다.

융의 심리유형론은 인간의 성격 유형론 분야에서 가장 영향력 있는 이론으로 성격 이론 외에도 여러 다양한 이론을 수립하는데 큰 영향을 미쳤는데, 융의 대표 이론 중 하나가 인간의 '외향성'과 '내향성'이다.

그는 대다수의 사람들이 내적 세계(내향형) 혹은 외부 세계(외향형) 중 선호하는 하나의 유형에 속한다고 보았으며, 이를 이론화했다. 현재 이 이론은 외향성과 내향성 이론으로 세분화 되어 해석되기도 한다. 그러나 융이 확립한 초기 이론은 근본적으로 내재화되어 있는 에너지가 어디에 근거해 있는지에 초점을 두고 있다. 이를 놓고 볼 때 '내향성'이 딱히 수줍음을 많이 타는 성격을 나타낸다거나 '외향성'이 더 나은 사회성을 의미하는 것은 아니라는 것을 일 수 있다.

또한 성격 요인을 5가지로 분류 하였는데, 그 5가지는 "마음, 에너지, 본성, 전술, 자아"이다. 각각의 구성 요소는 두 개의 서로 상반된 양상을 띠고 있는 하나의 연속체로, 가운데 부분에는 중립점이 위치해 있다.

이 세상은 넓고 그만큼 궁금한 일도 많다. 그리고 궁금한 것이 많은 사람은 세상에 대한 관심도 많다. 그러니 관심을 갖는만큼 얻는 것도 많은 게 당연한데, 이런 식으로 호기심이 많은 게 좋은 이유 5가지를 아래에서 알아보자.

1. 인간관계를 돈독하게 만든다.
2. 두뇌 계발에 유익하다.
3. 불안감을 해소할 수 있다.
4. 행복 만족도가 높다.
5. 어떤 것이든 배울 준비가 된다.

단점은 절대 고칠 수 없다고 한다. 하지만 고칠 수 없는 단점과 함께 살아가는 방법이 있다. 그 방법은 다음과 같다.

첫째, 고칠 수는 없지만 고치려는 노력은 할 수 있다.
둘째, 단점이 항상 나쁜 것은 아니다. 때로는 활용을 할 수 있다.
셋째, 단점을 모르는 게 더 큰일이다.

신입생 입학 및 신입 채용 취업 면접 시 자기소개서를 작성할 때 단골 메뉴가 자신의 장·단점을 기록하는 것인데, 많은 사람들이 부담을 가지고 있다.

자신의 장·단점 알기 위해선 일상생활에서 나의 의견이나 행동이 타인에게 어떤 모습으로 비쳤으며 그들이 그것을 통해 나의 장·단점을 어떤 식으로 파악했는지 들어보는 것이 좋다.

모든 인간은 장·단점을 가지고 있다. 그리고 장·단점은 자신의 행위를 더욱 강화시켜 더 우월한 방향으로 움직일 수 있도록 동기를 부여해 준다.

장·단점을 공개함으로써 자신의 행동에 책임감을 느끼고, 비전을 향한 노력을 실천에 옮기겠다는 사명감도 갖게 해준다. 또한 스스로의 행동이 명료화 되는 것을 경험하게 된다.

그 사람의 몰랐던 새로운 장점을 듣는 순간 그 사람을 존경하게 되고, 다시금 인정하게 되며, 자기에게는 없는 그 장점을 갖고 싶어지고, 결국에는 나의 장점으로 만들겠다는 마음이 생긴다.

그와 반대로 단점을 보았을 때에는 나를 반성하게 되는 계기가 되고, 공감대를 형성하여 타인의 단점을 이해하고 인정하게 된다. 그 모든 일이 단점을 장점으로 전환하는 계기가 될 수 있다. 장점은 스스로 행동하고 실현하는데 있어 자연스럽지만 단점의 경우는 본인이 생각한 것보다 더욱 크게 표출되어 타인의 지적을 받게 된다.

다시 말하지만, 인간은 모두 장·단점을 가지고 있다. 그리고 우리는 어릴 때부터 같이 지내는 부모님의 영향을 많이 받아 부모님의 장점이 나의 장점으로, 부모님의 단점이 나의 단점으로 굳어지는 경우를 주위에서 어렵지 않게 찾아볼 수 있다.

따라서 나의 장·단점을 찾으려면 내 부모의 장·단점을 자세히 관찰하면 된다. 이를 바탕으로 내가 주장하는 이론 중 하나가 바로 '가난은 세습된다.'이다. 이를 극복하기 위해선 부모님에게 물려받은 장점은 유지하고 단점은 바꿔가는, 꾸준한 자기 노력이 필요하다.

내 주위의 친한 5명의 모습이 현재의 나의 모습이라고 한다. 그래서인지 내가 행복하면 주위 5명에게 행복한 기가 전파되고, 그와 반대로 내가 불행하면 내 주위 5명에게 불행이 전파된다는 이야기를 자주 듣는다.

그러므로 나의 장·단점을 파악하고 내 지인들에게 긍정적인 기를 보내기 위한 나만의 경력이 있다면, 그들에게는 보약보다도 귀한 보물 같은 책으로 다시 태어날 수 있다.

그 책을 쓰는 것도 당신의 의무임을 잊지 말자.

2개월 투자하면
책 한 권의 저자가 된다

우리는 일 년 후면 다 잊어버릴 슬픔을 간직하느라고 무엇과도 바꿀 수 없는
소중한 시간을 버리고 있습니다.
소심하게 굴기에 인생은 너무나 짧습니다.
― 카네기 ―

신(神-초자연적인 능력을 가진 절대자를 말한다. 주로 신앙의 대상으로 여겨진다)은
인간에게 많은 것을 나눠줬는데 그 중 제일 공평하게 나눠준 것이 바
로 시간이다. 하루, 24시간은 누구에게나 똑같이 주어졌다.

내가 세계적인 인물로 인정하는 방송인 오프라 윈프리와 터키의 기
업가 엔버 유젤은 억만장자다. 전혀 다른 사람으로 보이는 두 사람. 둘
은 다른 업계에 종사하고 가족 관계도 다르며 종교는 물론 언어도 다
르다.

그러나 그들의 행보를 좀 더 깊이 살펴보면 이 두 사람이 공유하는
성공 습관이 보인다. 이들과 같은 억만장자에게서 배울 수 있는 성공
습관 20가지는 다음과 같다.

1. 자신에게 투자한다.
2. 모든 것에 호기심을 가진다.

3. 더 '나은' 사람들과 어울린다.

4. 절대 혼자 식사하지 않는다.

5. 자기 잘못을 책임진다.

6. '지렛대'를 이용한다.

7. (완전한) 휴가는 없다.

8. '소유'보다 '경험'을 중요시한다.

9. 엄청난 리스크를 감당한다.

10. 혼자 일을 벌이지 않는다.

11. 단순한 아이디어의 힘을 인지한다.

12. 단기적으로는 서두르지만 장기적으로는 인내심을 갖는다.

13. 끈질기다.

14. 소통 능력을 키운다.

15. 두꺼운 얼굴을 가진다.

16. 평소 어울리는 집단 밖의 사람을 사귄다.

17. 커뮤니케이션을 과할 정도로 한다.

18. 스스로에 대해 너무 심각하게 생각하지 않는다.

19. 우선 한 가지를 진짜 잘한다.

20. 절대적인 존재에 대한 믿음을 갖는다.

요즘은 남녀노소를 불문하고 스마트폰으로 카카오톡, 카카오스토리, 밴드, 페이스북, 트위터 등에 올라오는 글을 읽느라 많은 시간을 투자한다.

그러나 이러한 전자기기를 통해 글을 읽는 것보다, 하루에 30분 이상 인쇄된 책을 읽는 것이 장수에 도움이 된다는 연구결과가 나왔다.

미국 예일대학 연구팀이 50세 이상 남녀를 대상으로 12년에 걸쳐 조사한 결과 책을 많이 읽는 사람들이 책을 읽지 않는 사람보다 동 기간 중 사망률이 20% 넘게 낮은 것으로 나타났다는 미 워싱턴포스트지의 보도 내용은 우리가 왜 책을 가까이 해야 되는지를 간접적으로 말해주고 있다.

『성공한 사람들이 주말에 하는 일』이란 자기계발서의 작가이자 시간관리 전문가인 로라 밴더캠이 말한 성공한 사람들의 주말 시간 활용법. 그들은 짧은 시간을 계획적으로 사용하는 것은 물론 주말을 최대한 활용해 그 다음 한 주간 최고의 성과를 얻어 지금의 자리에 올랐다.

성공한 사람들이 지키는 다양한 습관 중 그들의 '주말 생활습관' 12가지를 살펴본다.

1. 주말이라고 허송생활을 보내지 않는다.
2. 자신과의 약속을 잡는다.
3. 주중에는 자신이 주말에 하고 싶은 일을 적어둔다.
4. 매 시간을 계획하지 않는다.
5. 하고 싶은 일을 나열한 '버킷리스트'를 만든다.
6. 조건에 얽매이지 않는다.

7. 주말의 아침을 소중히 여긴다.

8. 주말마다 이어지는 작은 전통을 만든다.

9. 주말을 누릴 줄 안다.

10. 주말을 '한도초과' 하지 않는다.

11. 집안 일, 바쁜 일을 최소화 한다.

12. 플러그를 뽑는다.

주위에 책 읽기(쓰기)를 권하면 많은 사람들이 시간이 없다고 토로한다. 특히 직장인은 더욱 그러하다. 진정으로 우리는 시간이 부족한가? 다시 한 번 더 생각해 보자. 시간 관리를 제대로 하고 있는가?

평소 시간을 야무지게 활용하려고 야심찬 계획을 세웠다. 하지만 생각보다 나 자신이 성장하는 것을 느끼지 못했다. 그렇게 뭐가 잘못되었는지 파악하지 못한 상태로 계속 하루하루를 흘려보냈다.

결국 자신이 활용할 수 있는 시간을 제대로 파악하고 그 시간에 실현시킬 단기 목표를 세워야만 목표를 성취할 확률이 올라간다.

그러나 해야 할 일은 많은데 시간이 정말 부족할 수 있다. 그렇다면 어떻게 해야 할까? 이때는 우선순위를 정확히 정해야 한다.

내가 일상에서 자주 사용하는 자기계발계의 거장 스티븐 코비의 '우선순위를 정하는 방법'은 다음과 같이 네 가지이며 활용해 보시기를 권유한다(○이 많은 것에 우선순위를 정하면 된다).

1) 긴급하면서 중요한 일(긴급성○, 중요성○)

2) 긴급하지 않지만 중요한 일(긴급성×, 중요성○)

3) 긴급하면서 중요하지 않은 일(긴급성○, 중요성×)

4) 긴급하지 않으면서 중요하지도 않은 일(긴급성×, 중요성×)

긴급하면서 중요한 일이 최우선이며, 긴급하지도 중요하지도 않은 일은 나중으로 밀어도 된다. 우리는 중요하지만 긴급하지 않은 것들을 등한시하는 반면, 중요하지 않지만 긴급한 것들을 우선순위에 두는 경우가 많다.

대표적인 예가 독서 대신에 의미없는 인터넷 서핑을 하는 것이다. 독서가 인터넷 서핑보다 훨씬 중요하지만 대부분 긴급하게 생각하지 않는다. 당장하지 않는다고 누가 탓하지도 않고 흥미도 없다.

"가장 중요한 일들이 별로 중요하지 않은 일에 의해 좌우되어서는 안 된다."라는 괴테의 말을 명심해야 할 것이다.

"오늘 할 수 있는 일에만 전력을 쏟아라."라고 뉴톤은 말했다. 그리고 하루의 습관이 인생을 바꾸며 시간을 지배해야 자신의 인생을 지배한다는 말도 있다.

그러니 몸이 조금 피곤하더라도 당신에게 주어진 시간 중 일부를 2개월 책 쓰기에 투자를 한다면, 당신이 일 년 후 얻게 될 결실은 누구도 상상할 수 없는 달콤함을 당신에게 선물할 것이다.

그 아름다운 행복의 열매를 얻기 위해 지금 이 순간부터 2개월 책 쓰기에 중요성과 긴급성을 부여하여 실천해 보자.

독자의 니즈를 찾아
독자의 입장에서 써라

사람은 서로의 입장과 처지를 바꿔 생각해야 한다.

— 공자 —

　서점에서 잘 팔리는 책들을 살펴보면 대부분 독자가 그 책의 콘텐츠에 공감한다는 것을 알 수 있다. 책을 쓴다는 것은 독자가 읽고 싶은 것을 써야한다는 것이다.

　그러나 초보작가들은 책을 써본 경험이 없기에 독자가 요구하는 책을 쓰지 못하고 자신이 원하는 책을 쓰는 경우가 빈번하다.

　그러다 보니 독자들이 책을 외면하고, 그렇기 때문에 출판사들로부터 거절을 당하는 사례가 많다. 이렇게 출판사들로부터 거절을 당한 원고들을 자세히 살펴보면 대부분 내용이 재미없고 술술 읽히지 않는 것을 알 수 있다.

　전 세계에서 세 번째로 재산이 많은 미국의 기업인이자 투자가. 뛰어난 투자실력과 수많은 기부활동으로 인해 '오마하의 현인'이라고 불리는 워렌 에드워드 버핏 회장은 다독가로도 유명하다.

　지금도 그는 하루의 80% 이상을 독서를 하며 보낸다. 그는 어떤 니즈를 찾아 독자의 입장에서 책을 보았을까?

정보싸움이 치열한 주식시장에서 워렌 버핏이 투자의 귀재로 불릴 수 있는 것은 지독한 독서습관 덕분이다. 그의 중요한 습관 중 하나는 다른 사람들보다 다섯 배나 많은 독서를 한다는 것이다.

그는 16세 때 이미 사업 관련 서적을 수백 권이나 독파한 지독한 독서광이다. "나는 아침에 일어나 사무실에 나가면 자리에 앉아 책을 읽기 시작한다. 그 후 여덟 시간 통화를 하고 나면 다시 읽을거리를 가지고 집으로 돌아와 저녁에 또 읽는다."고 말하는 그에게 무언가를 읽는다는 것은 가장 중요한 사업수단이다.

네브라스카주 오마하에서 태어난 워렌 버핏은 식료품점을 크게 운영했던 그의 할아버지는 손자에게 힘든 노동을 시키고 적은 돈을 지불함으로써 세상을 알게 하여 자본주의의 기본원리를 깨닫게 해주었다. 그 깨달음을 기반으로 어릴 때부터 동네를 돌며 폐지나 헌 잡지를 모아다가 팔고, 사용된 골프공을 싸게 사서 깨끗이 닦아 비싸게 팔았다.

그는 할아버지의 서재를 가득 채우고 있던 책들과 잡지들을 통해 많은 것을 배웠다. 그리고 할아버지의 취향을 닮아 실용서를 좋아했는데, 그것이 투자에 대한 철학과 지식, 활동성을 형성하는데 큰 영향을 주어 엄청난 부와 성공을 가져다주었다. 그것이 그의 핵심자산이었던 셈이다.

그의 성공비결, 성공하는 독서습관 5가지를 살펴본다.

1. 독서의 목적을 세워라 : 독서를 통해 무엇을 할 것인가를 결정하

면 책을 읽을 필요성을 깨닫게 되고 열정을 일깨울 수 있다.

2. 책을 통해 능력을 키워라 : 책은 중요한 학습도구다. 현재 수준 보다 더 나은 나를 생각하고 성장할 수 있도록 책이라는 도구를 활용하자. 그러면 능력을 향상시킬 수 있다.

3. 나의 수준을 돌파하라 : 어떤 상황에 있든지, 어떤 환경에 있든지 노력 여하에 따라 미래가 달라진다. 자신이 가고자 하는 한계를 넓힘으로써 미래로 나아가는 원동력을 만들어낼 수 있다.

4. 끊임없이 노력하라 : 노력없이 주어지는 것은 없다. 책 읽기를 통한 학습은 쉬운 과정이 아니다. 때로는 지루하고 재미없다. 그러나 그 열매는 달콤하다.

5. 최고를 지향하라 : 목표를 높이 세울수록 달성하는 결과물이 달라진다. 자신의 한계를 규정하고 낮은 목표를 세우는 것보다는 고차원적인 목표를 세움으로써 달성 가능한 결과물을 얻을 수 있다.

또한 그가 모두에게 필독을 권하는 책들을 다음과 같이 소개한다.

1. 『현명한 투자자』, 벤저민 그레이엄(『Intelligent Investor』, Benjamin

Graham)

2. 『벤저민 그레이엄의 증권분석』, 벤저민 그레이엄(『Security Analysis』, Benjamin Graham)

3. 『위대한 기업에 투자하라』, 필립 피셔(『Common Stocks and Uncommon Profits』, Philip Fisher)

4. 『나 워렌 버펫처럼 투자하라』, 워렌 버펫(『The Essays of Warren Buffett』, Warren Buffett)

5. 『잭 웰치 끝없는 도전과 용기』, 잭 웰치(『Jack: Straight From The Gut』, Jack Welch)

6. 『아웃사이더: 경영의 상식을 뒤엎고 새로운 상식을 만든 8인의 괴짜 CEO』, 윌리엄 손다크(『The Outsiders: Eight Unconventional CEOs and Their Radically Rational Blueprint for Success』, William Thorndike Jr.)

7. 『The Clash of the Cultures』, 존 버글(『The Clash of the Cultures』, John Bogle)

8. 『스트레스 테스트』, 티모시 가이트너(『Stress Test: Reflections on Financial Crises』, Timothy F. Geithner)

책 쓰기의 매력은 무엇일까? 책 쓰기의 가장 핵심적인 매력은 내 생각을 독자들과 공유할 수 있다는 것이다. 때문에 '어떤 주제와 핵심내용으로 독자의 시선과 관심을 잡을 수 있을까?'라는 것이 중요 포인트라고 본다.

그러면 '무엇을 쓸 것인가?'라는 질문은 '주제'가 될 것이고, '그 무엇을 어떻게 쓸 것인가?'는 내가 쓰고자 하는 핵심적인 '컨셉'이라고 보면 된다.

이때 무엇보다 중요한 것은 최근 이슈가 되고 있는가를 따지는 '대중성'과 책의 값어치인 '상품성'이다.

아무리 좋은 내용이라고 해도 판매되지 않는다면 그 책은 머지않아 사장되어 존재의 가치를 잃게 된다. 책이란 독자가 찾아주고 읽어주어야 그 값어치를 할 수 있다. 즉 장식장에 진열되어 있는 장식품이 아닌, 독자의 손에서 읽히는 책이어야 한다는 것이다.

대한문화출판협회의 최근 자료를 보면 연간 신간도서의 발행부수는 1억 650만 부 전·후라고 한다. 이를 통해 하루에 약 2만 9천부 정도의 책이 발행된다는 것을 알 수 있다.

최근 세계적 경제위기의 영향으로 출판시장의 상황도 그리 밝지는 못하다. 경제적으로 어려운 시기에 서민들이 가장 먼저 지출을 줄이는 것이 바로 문화생활비용이기 때문이다.

그럼에도 불황기에 약진한 장르가 있었으니 바로 자기계발서와 인문학 도서들이다. 해당 책들의 목록을 보면 다음과 같다.

『1Q84』, 무라카미 하루키
『카피책』, 정철
『1만권 독서법』, 인나미 아쓰시
『혼자 잘해주고 상처받지 말자』, 유은정

『하버드 새벽 4시 반』, 웨이슈잉

『라이프 스토밍』, 앨런웨이브

『1시간에 1권 퀀텀 독서법』, 김병완

『당신은 아무 일 없던 사람보다 강합니다』, 김창옥

『나는 까칠하게 살기로 했다』, 양창순

『당신은 겉보기에 노력하고 있을 뿐』, 리상룽

『행복에너지』, 권선복

『부자가 되는 정리의 힘』, 윤선현

『꿈꾸는 다락방』, 이지성

『청춘의 독서』, 『유시민의 글쓰기 특강』, 유시민

『카네기 인간관계론』, 데일 카네기

『시크릿』, 론다 번

『몰입』, 황농문

『왓칭』, 김상운

『나는 오늘부터 달라지기로 결심했다』, 그레첸 루빈

『사피엔스』, 유발 하라리

『지적대화를 위한 넓고 얕은 지식』, 채사장

『그래서 여자는 아프다』, 유은정

『미움 받을 용기』, 가시미 이치로

『코스모스』, 칼 세이건

『책은 도끼다』, 박웅현

『감정수업』, 강신주

『대통령의 글쓰기』, 강원국

『총균쇠』, 제터드 다이아본드

『정의란 무엇인가』, 마이클 셀

『죽음의 수용소에서』, 빅터 프랭클

『생각의 탄생』, 로버트 루트번스타인

『피로사회』, 한병철

　로마시대의 정치가, 웅변가, 문학가, 철학자인 마르쿠스 툴리우스 키케로는 "책은 청년에게는 음식이 되고 노인에게는 오락이 된다. 부자일 때는 지식이 되고, 고통스러울 때는 위안이 된다."고 말했다.

　평범한 사람이라도 책으로 많은 독자들에게 삶의 에너지를 줄 수 있다는 것을 잊지 말고 내 앞에 사람을 두고 이야기 하는 것처럼 생각하면서 "독자의 니즈를 찾아 독자의 입장에서 써라." 그리하면 당신의 삶에 단비가 내릴 것이다.

제목이 베스트셀러를 좌우한다

그 무엇도 직선으로 움직이지는 않는다.
따라서 어떤 목표도 좌절과 방해를 겪지 않고 이루어지는 법은 없다.
—— 앤드류 매튜스 ——

우리나라에서는 아기가 태어나면 출생 후 한 달 이내에 출생신고를 해야 한다. 그리고 출생신고를 하려면 당연히 이름을 짓는 과정을 거친다.

온 식구와 친척, 지인들에게 자문을 구해보기도 하고, 소문난 작명소를 찾아가 적지 않은 돈을 지불하고 이름을 짓는 경우도 많다.

요즘은 그때그때 유행하는 이름을 짓는 경우가 늘어나면서 전국적으로 동명이인이 많아져 SNS상에서 혼선이 발생하는 것은 물론, 살아가면서 여러 가지 애로사항이 발생하고 있다.

사람의 이름을 짓는데 걸리는 한 달이 채 안 되는 기간도 힘들다고 한다.

그러니 몇 달을 매달려야 하는 책 제목 정하기가 더 어려운 것은 당연하다. 제목이 그 책의 성패를 좌우하기에, 출판사와 독자들의 눈에 쏙 들어오는 제목을 짓기 위해 오늘도 작가들은 보이지 않는 전쟁을 벌이고 있다.

책에서 가장 중요한 것은 제목이다. 책의 콘텐츠가 아무리 뛰어나도 제목이 독자들의 눈에 띄지 않는다면 그 책은 외면당하고 얼마 지나지 않아 사장되는 운명에 처해지기 때문이다.

책은 저자의 얼굴이다. 출판사와 독자로부터 정당한 대우를 받으려면 그들이 눈독을 들일만큼의 제목과 목차, 콘셉트 등이 있어야 한다는 것을 명심하자.

요즘 같이 책을 읽지 않는 시대에 독자의 발길을 멈추게 하고 독자로 하여금 내 책을 집어 들어 읽게 만드는 마력을 지닌 제목. 우선 그런 제목을 찾는 법부터 알아본다.

먼저 쉬운 단어들의 조합으로 만들어진 제목의 책들이다. 누구나 알수 있는 쉬운 단어들을 조합해 특색 있는 문장으로 표현한 제목들이 베스트셀러를 스테디셀러로 탈바꿈하게 만들었다.

다음은 저자의 경험을 통하여 솔직하게 기술한 유형으로 에세이나 자기계발서의 경우 이런 제목의 책들이 독자들의 사랑을 꾸준히 받고 있다. 독자들로 하여금 자신을 돌아보고 자문자답하게 하는 유형의 책들 역시 많은 사랑을 받고 있다.

또한 최근에는 베스트셀러의 제목을 유사하게 지어 제목을 패러디한 것이 성행하고 있다.

이런 식으로 제목을 잘 짓은 작가들의 책을 시중에서 찾아보았다. 어떤 제목이 어떤 장르의 책에 붙었는지 알아보는 것도 제목을 정하는데 많은 도움될 것으로 확신한다. 그러니 베스트셀러가 된 책들의 제목을 먼저 살펴보자.

- 조관일 작가의 『멋지게 한 말씀』, 『비서처럼 하라』
- 김난도 교수의 『아프니까 청춘이다』
- 김태광 작가의 『10대에 알았다면 좋았을 것들』
- 명진스님의 『중생이 아프면 부처도 아프다』
- 이지성 작가의 『리딩으로 리드하라』, 『꿈꾸는 다락방』, 『여자라면 힐러리처럼』
- 오그 만디노 작가의 『더 나은 삶을 위하여』
- 존 프랭클 작가의 『영어공부 절대로 하지마라』
- 이카라 하루오 작가의 『이 책은 100만 부 팔린다』
- 캔블랜차드 작가의 『칭찬은 고래도 춤추게 한다』
- 호아킴 데 포사다 작가의 『마시멜로 이야기』
- 마이클 샌델 교수의 『정의란 무엇인가?』
- 사이소 히로시 작가의 『아침형 인간』
- 유홍준 작가의 『나의 문화유산답사기』
- 스티븐 코비 작가의 『성공하는 사람들의 7가지 습관』
- 스튜어트 다이아몬드 교수의 『어떻게 원하는 것을 얻는가』
- 신시이아 시피로 작가의 『회사가 당신에게 알려주지 않는 50가지 비밀』
- 박웅현 작가의 『책은 도끼다』
- 혜민 스님의 『멈추면 비로소 보이는 것들』

- 샘 혼 작가의 『적을 만들지 않는 대화법』
- 하야마 아마리 작가의 『스물아홉 생일 1년 후 죽기로 결심했다』
- 이근후 작가의 『나는 죽을 때까지 재미있게 살고 싶다』

위에서 보면 알 수 있듯이 제목마다 나름대로의 특색이 있어 독자들의 시선과 관심을 끌고 있지 않은가. 그것이 바로 책의 값어치를 높여주는 기회가 되고, 작가의 몸값이 같이 상승하는 효과를 가져온다. 그렇기에 책의 제목은 책의 운명과 더불어 작가의 운명을 좌지우지 한다고 해도 과언은 아니다.

다음으로 우리들에게 많이 알려져 있는, 제목만 바꿔서 베스트셀러가 된 사례 『칭찬은 고래도 춤추게 한다』다.

원제는 『Whale done!』이다. 잘했다는 의미를 지닌 'Well done'을 연상시키기 때문에 그 뉘앙스를 살리려고 국내 출판사에서 긴 시간 고민을 했다. 그러다가 나온 번역서의 제목은 『You excellent』, '당신, 대단해!'라는 의미였다. 그렇게 출판된 책은 초기에 2만 부 정도 팔린 뒤 소비가 멈춰버렸다.

하지만 출판사에서는 책의 내용에 대한 자신감이 있었기에 과감하게 제목을 바꿔 재출판을 했다. 그때 정한 제목이 바로 『칭찬은 고래도 춤추게 한다』였다.

그렇게 제목을 바꾼 결과 주문이 급증하고 한 달 판매량이 7,000~8,000부로 열 배 가까이 늘면서 베스트셀러가 됐고, 이후 100만 부를 넘어가는 밀리언셀러가 되어 대박을 터뜨렸다.

이같이 책은 제목이 판매량을 좌우한다. 그래서 내가 제목을 지을 때 가장 많이 활용한 방법이 수시로 온라인 서점에서 베스트셀러의 제목을 검색하고 목차, 책 소개, 출판서평 등을 분석하는 것이었다.

물론 오프라인 서점도 잊지 않고 자주 간다. 어떤 책들이 진열되어 있는지, 반응은 좋은지, 잘 팔리는 책은 어떤 제목인지, 책의 제목과 부제, 목차, 내용을 철저하게 분석한다.

아울러 인터넷 검색 시에는 유명인들의 명언, 유명 광고의 카피 내용, 최근 이슈로 올라온 용어, 뉴스, 거리에서 볼 수 있는 간판, 광고물인 프랑카드, 전단지의 문구, 공공장소에서 나누는 대화, 책 속의 문장 속에서 충분히 좋은 단어의 조합과 문장의 뒤틀림이 있다면 찾아서 만들어 본다.

이렇듯 작가는 때와 장소를 가리지 말고 항상 귀를 열어 놓고 항상 눈을 부릅 뜬 채 정보와 자료를 수집해야 한다.

나의 경우에도 천개가 넘는 제목을 뽑았고, 그중에서 처음 선택한 제목은 『30년 차 경찰공무원이 말하는 "나의 고객은 대한민국 국민이다"』이었다.

하지만 군대 생활과 같은 30개월 동안 탈고와 교정 등의 과정을 거치면서 최종적으로 출간된 나의 첫 단독서 제목은 『30년 차 경찰공무원이 말하는 위대한 고객(KingPin Customer)』이다.

책의 제목은 작가의 생명이며, 아울러 출판사에서는 사업의 핵심이 된다. 자신이 그리는 책의 그림에 맞추어 강력하고 전파성이 강한 제목을 짓는 연습을 게을리 하지 말고 직접 써보고 적용해봐야 한다.

언제나 "책의 제목과 목차가 베스트셀러를 좌우한다."는 말을 기억하자. 당신이 쓰는 책의 제목을 임팩트 있게 뽑아서 베스트셀러 작가의 길을 갈 수 있는 운명이 당신 앞에 있음을 기억하자.

책의 목차는
집의 기둥과 골격이다

기둥이 약하면 집이 흔들리듯, 의지가 약하면 생활도 흔들린다.

— 에머슨 —

독자의 시선을 끄는 것은 표지디자인과 눈에 띄는 제목이라고 한다. 그러나 독자가 책을 구매하기 위해서는 목차가 독자의 마음에 와 닿고 구매 욕구를 불러일으키게 해야 한다. 그것이 바로 목차의 역할이다.

목차 안에는 저자가 들려주고자 하는 책의 내용이 모두 담겨 있다. 보통 책을 쓰는 것은 집 짓는 것과 같다는 비유를 한다. 개미도 집을 짓고, 까치도 집을 짓고, 두꺼비 집을 지으며 어린이들이 동요를 즐겨 부르는 것을 보라. 누구나 집을 지을 수 있다. 그런 것처럼, 누구나 책을 쓸 수 있다.

집의 설계도면을 그려야만 집짓기 작업이 순조롭게 진행되듯이, 책쓰기에서 목차를 써야 작업이 순조롭게 진행된다. 설계도면과 기둥, 골격의 역할을 하는 것이 바로 목차이다.

설계도면대로 집을 지을 때 기둥과 골격을 설계도면대로 짓지 않으면 부실공사가 되어 집이 쉽게 무너지는 불행한 사태가 발생한다. 이와 같이 책을 쓸 때도 목차가 제대로 구성되지 않는다면 책의 완성이 어려워지고, 설령 목차를 구성했다하더라도 내용이 엉성하다면 독자들로부터 외면받는 책으로 낙인 찍히게 된다.

제대로 목차를 완성했다면, 책 쓰기의 과정 중 절반을 완성한 것이라고 말할 수 있다. 출판사에 원고를 투고했을 때와 독자들이 책을 고를 때 제일 비중을 가지고 보는 부분이 바로 목차라는 사실은, 목차가 얼마나 비중이 높고 중요한 과정인지를 간접적으로 말해주고 있다.

이 책은 총 다섯 개의 장으로 구성되어 있고 꼭지는 총 45(9-9-9-9-9)개로 구성하였으며 각 장의 제목은 다음과 같다.

    1장 - 마당쇠를 탈출하려는 당신, 책을 써라
    2장 - 나를 다시 태어나게 하는 하루 45분 책 쓰기
    3장 - 2개월 투자하면 책 한 권의 저자가 된다
    4장 - 한 권의 책이 당신 인생을 변하게 한다
    5장 - 호랑이는 가죽을, 나는 내 이름의 책을 남긴다

각 장에 대한 제목이 필요한데 이것을 장 제목이라 한다. 장을 나누는 규정은 정해져 있지 않으나, 많은 작가들이 평균적으로 4장에서 5장을 만든다.

6장에서 10장을 넘기는 작가들도 있지만 이는 작가들의 개성이거나, 작가 본인이 원고를 집필할 때 쉽게 쓰고 독자들이 쉽게 읽도록 하려

는 목적이므로 누구나 자유롭게 장을 나눌 수 있다.

각 장에 들어갈 꼭지는 보편적으로 8~10개 정도로, 글 전체에 40꼭지 전후를 많이 쓰고 있는 실정이며 한 꼭지 당 원고 분량은 A4용지 2장 반 정도로 한다. 전체 원고 분량은 100장 내외로 맞추어야 독자들이 읽기 편한 분량이 된다.

목차를 구성하는 예시로 3천 개 이상의 목차를 뽑는 작업을 통해 선택된 나의 첫 단독서인 『30년 차 경찰공무원이 말하는 위대한 고객(KingPin Customer)』의 목차를 다음과 같이 살펴본다.

1장 대한민국에서 경찰관으로 살아간다는 것
1. 운명으로 선택한 경찰이라는 직업
2. 현장에서 가장 높이 빛나는 순경 계급장
3. 천국과 지옥 사이
4. 외부 고객보다 내부 고객이 먼저다
5. 부정을 부숴라, 긍정으로 전환하라
6. 내 꿈의 주인으로 살아보기
7. 사람을 사람으로 대하지 못하는 직업
8. 부익부 빈익빈의 시대에 산다는 것
9. 경찰문화는 내가 만든다

2장 당신이 알지 못하는 진짜 경찰 이야기
1. 경찰 제복 안에 있는, 당신이 보지 못하는 세상

2. 보는 눈과 보이는 눈 이야기

3. 하나를 버려야 하나를 얻는 세상

4. 주폭의 시대에 사는 경찰 이야기

5. 마음과 마음을 사랑하는 세상 이야기

6. 부자 천국, 노예 지옥, 경찰은?

7. 이론과 현실에서 매일 상처받는 경찰 이야기

8. 꿈을 키워주는 메신저 경찰 이야기

9. 당신의 운명을 바꿔줄 현장 이야기

3장 만나라, 경청하라, 공감하라

1. 우리에겐 사랑할 시간이 부족하다

2. 국민과 경찰은 변해야 한다

3. 모두 승리하는 삶의 주인공이다

4. 정상에서 같이 축배를 들자

5. 과거와 단절하고 새로운 세상을 만나라

6. 고정관념 없는 삶으로 전환하라

7. 보이지 않는 삶에도 충실하라

8. 멋진 경관으로 항상 기억되고 싶다

9. 세상을 공정한 원칙으로 살자

4장 나의 고객은 대한민국 국민입니다

1. 고객 감동을 넘어 경찰도 감동한다

2. 내 업무의 주인공이 되어라

3. 변화하는 조직이 살아남는다

3.1. 프로는 언제나 상대를 탓하지 않는다

3.2. 회의가 많은 조직은 발전하지 못한다

4. 공부는 나이와 무관하다

5. 문제의 답은 현장에 있다

6. 행복은 이미 당신 안에 있다

7. 성패는 이미 준비단계에서 결정된다

8. 주위의 변화를 바라지 말고 나부터 변하라

9. 진실한 배려는 통한다

미국의 시인이자 사상가인 랠프 월도 에머슨은 "좋은 책을 읽노라면 삼천 년도 더 사는 듯한 느낌이 든다."라고 말했다.

좋은 책 만들기의 시작은 목차 만들기이다. 더욱더 집중해서 목차를 만들면 독자들은 목차를 통해 작가의 콘텐츠를 예측하고 이내 반해서 작가의 애독자가 된다.

당신만의 노하우로 쉬우면서도 간결한 목차를 완성하여 독자들에게 사랑받는 작가가 되자.

책을 쓰고 싶으면
경쟁도서를 파헤쳐라

새로운 경쟁우위 전략은, 지금까지의 원칙과 디자인을
지속적으로 개선해 나가는 것이다.
—— 다이앤 브래디 ——

　요즘처럼 다양한 책들이 쏟아지는 출판환경은, 책을 쓰는 사람에게
있어 총소리 없는 전쟁터와 같은 경쟁의 현장이다. 이런 여건 속에서
책을 쓸 때 반드시 필요한 것이 자신이 쓰고자 하는 분야의 경쟁도서
를 철저하게 분석하는 것이다.

　당신의 책이 출간되면 그 책은 하나의 상품으로서 가치를 가져야하
기에 당신과 같은 콘셉트를 가진 책들이 경쟁 상품이 된다. 때문에 경
쟁도서를 철저하게 분석하고 파헤쳐서 상대방의 강점과 약점을 찾아내
야 내 책만의 아이디어와 방법으로 새로운 길을 갈 수가 있다.

　대다수의 작가는 평균적으로 경쟁도서를 20~30권 정도 읽는다. 어
떤 작가들은 그보다 2배 많은 책을 읽기도 한다. 경쟁도서는 많이 분
석할수록 자신의 책을 쓸 때 많은 강점을 가져다 준다.

　책을 구입할 때는 책값에 구애받으면 안 된다. 작가의 입장에서 다
른 책을 사지 않으면서 내 책을 사주었으면 하는 바람을 우리는 한마

디로 '도둑놈 심보' 또는 '흥부형 놀부 심보'라고 즐겨 말한다.

　당신의 꿈을 이루기 위해 당신의 이름으로 된 책을 쓰겠다고 결심했다면, 먼저 당신이 쓰려고 하는 책의 장르와 콘셉트가 유사한 경쟁도서를 20~30권 구매하여 그 책의 장·단점을 분석해야 한다.

　또한 도서를 구입할 때는 저자의 명성만 보고 책을 구입해서는 안 되며, 글을 쓰고자하는 자신의 관점에서 생각하고 선택해야 한다. 인구 10만 명 당 노벨상 수상자가 한 명씩 배출된다는 유대인들은 남보다 뛰어나라고 가르치기보다 남과 다르게 되라고 가르친다.

　내가 이 책, 『신이 알려주신 책 쓰고 승진하기』를 집필하면서 파헤친 경쟁도서의 목록은 다음과 같다. 책 쓰기 과정에 참고하기 바란다.

　김태광 작가의 『10년 차 직장인 사표대신 책을 써라』, 『3일 만에 끝내는 책 쓰기 수업』

　김병완 작가의 『김병완의 책 쓰기 혁명』, 『1시간에 1권 퀀텀독서법』

　앨리슨 베이버스톡의 『당신도 베스트셀러 작가가 될 수 있다』

　루이즈 디살보의 『최고의 작가들은 어떻게 글을 쓰는 가』

　조영석 작가의 『인생의 돌파구가 필요한 당신. 이젠, 책 쓰기다』

　송숙희 작가의 『당신의 책을 가져라』

　이혁백 작가의 『하루 1시간 책 쓰기의 힘』

　조관일 작가의 『탁구영의 책 한권 쓰기』

　최병관 작가의 『나는 오십에 작가가 되기로 했다』

　유길문, 이은정, 오경미 작가가 함께 쓴 『된다. 된다. 책 쓰기가 된다!』

임원화 작가의 『한 권으로 끝내는 책 쓰기 특강』

허지영 작가의 『하루 10분 책 쓰기 수업』

이은화 작가의 『직장인, 딱 3개월만 책 쓰기에 미쳐라』

이득총 작가의 『당신도 책을 써라』

송숙희 작가의 『책 쓰기의 모든 것』

이재범 작가의 『책으로 변한 내인생』

강원국 작가의 『대통령의 글쓰기』

유영택 작가의 『오후반 책 쓰기』

이외수 작가의 『글쓰기의 공중부양』

김민영 작가의 『첫 문장의 두려움을 없애라』

임정섭 작가의 『글쓰기 훈련소』

유시민 작가의 『유시민의 글쓰기 특강』

한성우 작가의 『경계를 넘는 글쓰기』

배학수 작가의 『누구나 쉽게 따라 하는 글쓰기 교실』

채석용 작가의 『나를 성장시키는 독서법』

박동규 작가의 『글쓰기를 두려워 말라』

서　민 작가의 『서민적 글쓰기』

최복현 작가의 『달인의 글쓰기』, 『닥치고 써라』

명로진 작가의 『베껴쓰기로 연습하는 글쓰기 책』

이인환 작가의 『청춘아 글쓰기를 잡아라』

이윤기 작가의 『조르바를 춤추게 하는 글쓰기』

염명훈 작가의 『일연, 베스트셀러를 쓰다』
박찬영 작가의 『잘못된 문장부터 고쳐라!』

위와 같이 자신이 쓰고자 하는 책과 유사한 제목의 책을 찾아본다. 그리고 그 책을 구입해서 읽어보고 비교하고 분석한다. 철저한 분석을 통해 경쟁도서와 어떻게 차별화를 시켜야 할지를 기록한다. 경쟁도서를 분석하면 모방할 부분과 보완할 부분을 찾을 수 있다.

베스트셀러도 완벽한 책은 절대 없는 것이 현실이다. 당신이 보완할 부분을 찾았다면, 그것을 보완하여 당신 것으로 만들어라. 그러면 독자들이 당신의 책에 더 많은 감동을 받을 수 있을 것이다.

이와 같은 방식으로 고가 화장품이 주류인 우리나라 화장품시장에서 저가 화장품 돌풍을 몰고 온 브랜드 '미샤'가 경쟁에서 성공한 사례를 다음과 같이 소개한다.

2000년 '뷰티넷'이란 인터넷 전용매장을 통해 시장에 데뷔한 '미샤'의 성공요인은 가격대비(3,300원의 신화) 품질만족이다. 생활필수품으로서의 화장품을 만들겠다는 미샤의 기업이념이 기존의 화장품브랜드와는 다른 출발을 보인 점이다.

첫 번째 저렴한 가격대비 만족스런 품질
두 번째 프로슈머(Prosumer) 마케팅 효과
세 번째 새로운 유통구조 저가 단일 브랜드 체인형 전문점

이를 통해 '미샤'는 국내에서 중저가 화장품 브랜드 중에서 독보적인 점유율을 가질 수 있었다.

독일의 철학자인 아르투어 쇼펜하우어는 "독서란 자신의 머리가 남의 머리로 생각하는 것이다."라고 말했다. 경쟁도서 분석을 대별하면 2가지로 독자들이 책을 마음에 들어 하는 강점과 마음에 들어 하지 않는 약점이다.

독자들이 마음에 들어 하는 강점은 벤치마킹 하고 마음에 들어 하지 않는 약점은 자신의 책에서 보완한다. 문제를 알아야 해결책을 찾을 수 있고, 그리하면 자신이 어떤 책을 써야하는 지 알 수 있기 때문이다.

그러니 책을 쓰고 싶으면 경쟁도서를 파헤쳐라.

내 책을 더욱 빛나게 해줄
사례를 찾아라

경험은 가장 **훌륭**한 스승이다. 다만 학비가 비쌀 따름이다.
— T. 칼라일 —

　이 책을 쓰면서 내가 이전에 집필했던 책들과 다른 작가들의 책들을 분석해 보았다. 그 이유는 책에 다양한 사례가 들어가 있어야 독자들이 재미있게 볼 수 있기 때문이다.

　음식을 맛있게 만들려면 온갖 양념을 넣고 손맛이 가미되어야 하고, 그렇게 만든 음식이 누구나 찾는 최고의 음식이 되는 것과 같은 이치라고 본다.

　나의 책 『30년 차 경찰공무원이 말하는 위대한 고객』의 본문 중에 「천국과 지옥 사이」 챕터의 일부분은 우리에게 많은 것을 생각하게 한다.

　경찰관들이 매일 일선 현장에서 접촉하는 상대방들이 현실에 적응치 못하고 세상을 원망하는 알코올 중독자, 노숙자, 사회 구조를 부정적으로 보는 분 등 정상에서 어긋나는 사람들이 대다수를 차지하고 있기에 그들을 상대하는 경찰 업무는 하루에도 몇 번씩 천국과 지옥을 왕복하는 '희노애락의 롤러코스터'를 타는 인간 세상의 놀이 공원이다.

어느 날 야간 근무 시 지구대에서 주취 소란 및 행패를 부리는 상습 주취자(일명 주폭)를 직원들이 안정시키려고 온갖 고생을 하고 있으나 진정이 되지 않고 있었다. 이를 보다 못한, 정년이 2년 남은 부팀장이 나서서 한마디 하셨다.

"연세도 드실 만큼 드신 분이 젊은 직원들 고생하는 거 안쓰럽지도 않으세요? 이제 그만 진정하시고 경찰관들의 말씀을 들으셔야지요" 라고.

이에 주취자가 갑자기 부팀장을 향하여 큰 목소리로 외쳤다.

"그래, 야! 너 잘났다, 너 순사 마르고 닳도록 다 해 처먹어라!"

이때 부팀장이 정중하게 응답했다.

"선생님의 말씀은 정말 감사합니다만 그런데 이를 어쩌죠! 저도 선생님 말씀대로 마르고 닳도록 경찰관을 해 먹고 싶은데, 제가 정년이 2년도 안 남아서 더 이상 할 수가 없네요. 그래서 더욱더 안타깝고 죄송합니다."라고.

그 주취자는 갑자기 당한 일이라 할 말을 잃고 창문 밖만 내다보는 모습에 우리 직원들은 주취자의 시선을 피하기 위해 뒤돌아서서 실소를 금할 수 없었다.

위 사례는 일선현장에서 겪는 경찰관들의 일면을 보여주는 대목으로 독자들의 많은 호응을 얻는 내용이라고 과감히 말하고 싶다.

나는 무엇을 위해 책을 썼는지 내가 책을 쓰게 된 계기를 다시 한 번 되돌아보게 되었다. 평소 나 자신이 책을 쓸 것이라고는 꿈도 꾸지 않았다.

하지만 열심히 책을 읽는 습관을 들이다 보니 자연스럽게 나도 책을 쓰고 싶다는 마음이 생겼다. 물론 언젠가는 나도 책을 써야지라는 생각을 갖고 있었을 뿐, 언제 책을 쓸 것인지에 대한 것은 생각해 본 적이 없었다.

그러다가 경찰교육원 교수요원에서 일선 현장으로 복귀를 하면서 '오늘도 일선 지역경찰이 근무하는 현장에는 수많은 사례가 될 스토리가 무궁무진하다'는 것을 깨달았다.

그것이 몸은 힘들지만 직접 부딪치며 책을 쓰게 된 계기가 되어 그 결과 『위대한 고객』이 출간되었다.

계몽주의 시대의 프랑스 정치사상가인 몽테스키외는 "책은 그것을 적절히 선택할 수 있는 독자에게 갖가지의 즐거움을 안겨준다."라고 책을 찾는 독자의 즐거움을 말했다.

독자의 입장에서는 사례의 비중이 높으면 책을 읽을 때 더 즐겁다. 경험이 녹아 있는 인간적인 역사가 그 책에 대한 흥미를 가중시킨다는 것을 잊어서는 안 된다.

책을 한 권 쓰기 위해서는 A4용지로 110~120매(원고지 1000매) 정도의 분량을 써야 한다. 꼭지의 수는 40개 전·후이고 4~5장으로 구성되어 되어 있다. 그리고 한 꼭지를 채우려면 A4용지 2장 반을 쓰면 된다. 하지만 초보 작가가 한 꼭지를 채우는 것은 그리 만만치 않다.

초고를 쓸 때 사례가 충분하면 하루에 한 꼭지를 부드럽게 쓸 수 있지만, 사례 및 자료 등이 미흡한 꼭지를 쓸 때는 한 줄도 제대로 채우지 못하는 날도 있기에 한 꼭지를 일주일 이상 쓰지 못하고 책상 앞에서 긴긴 시간을 고통과 갈등의 시간으로 채우는 과정을 거쳐야 한다.

이처럼 사례는 기계의 기동력을 높여주는 윤활유와 같은 역할을 한다. 책은 진리의 보고가 아니라 저자의 지극히 주관적인 생각을 모아 놓은 글 모음이라고 말한다. 때문에 사례는 저자의 생각과 표현에 신빙성을 높여주고 독자들의 이해와 판단에 많은 영향력을 준다.

또한 기계의 윤활유와 같이 딱딱한 문장에 재미를 더해주는 역할을 한다. 우리가 온라인 또는 오프라인 서점에서 제일 먼저 찾는 코너인 베스트셀러 코너에 있는 책에는 많은 사례가 담겨 있다. 아니, 오히려 양념이 잘 된 사례 덕분에 베스트셀러가 되었다는 이야기가 많다.

주위에서 책 쓰기를 하는 작가들 중 책 쓰기를 배운 사람과 배우지 않은 사람을 구별할 때, 사례를 제대로 사용하느냐 그러지 못하느냐를 보면 바로 알 수 있다.

책 쓰기를 배우지 않은 사람은 자신의 생각만을 줄기차게 써나간다. 하지만 사례도 없이 300페이지가 되는 책 한 권을 완성하려고 하면 글감이 고갈되어 점점 완성에서 멀어지게 되고, 이는 결국 중도에 포기하는 결과로 이어질 수 있다.

하지만 초고를 작성할 때 한 꼭지에 사례가 너무 많이 들어가면 오히려 역효과를 초래할 수 있다. 한 꼭지 당 2개 정도의 사례를 넣는 것이 적합한데, 여기서 주의해야 할 것은 작가의 주제를 보충하는 역할로써 사례를 활용해야 한다는 것이다. 즉 장 제목, 소제목 등 작가의 메시지가 우선이라는 것을 명심해야 한다.

예로부터 지금까지 세계적인 베스트셀러 1위를 차지하고 있는 것은 누구나 알고 있듯이 성경이다.

성경은 비공식적으로 판매된 것까지 합산하면 1815년을 시작으로 현재까지 약 39억 권 이상의 판매고를 올렸다.

2위인 책은 우리에겐 다소 낯설지만 중국에서 엄청난 판매고를 기록한 모택동 어록이 차지했는데 무려 8.2억 권이나 팔렸다. 3위는 J.K.롤링의 해리포터 시리즈로 4억 권. 4위는 J.R.R. 톨킨의 반지의 제왕으로 1억 권 이상. 5위는 6,500만 권을 판 파울로 코엘료의 연금술사 등이 차지하고 있다.

나는 이런 베스트셀러 속의 사례와 스토리가 독자들의 흥미를 유발하는 역할을 했다고 본다.

세계에서 가장 많은 발명을 한 사람으로 1,093개의 미국 특허를 가지고 있는 미국의 발명가이자 사업가 토머스 앨바 에디슨은 "책은 위대한 천재가 인류에게 남겨주는 유산이며, 아직 태어나지 않은 자손들에게 주는 선물로서 한 세대에서 다른 세대로 전달된다."고 말했다.

이렇게 소중한 책을 쓰는 작가로서의 자부심과 의무감을 가지고 내 책을 더욱 빛나게 해줄 사례를 찾아라.

초고는 걸레이지만
탈고, 교정으로 다시 태어난다

최고에 도달코자 한다면 최저에서 시작하자.

— P. 실스 —

사람들이 어려운 상황에 처하거나 피곤하면 어두운 표정과 함께 눈 밑에 '다크서클'이라는 반갑지 않은 손님이 슬며시 찾아온다. 그러면 만나는 사람들마다 한마디씩 한다.

"요즘 몸이 안 좋으신가 봐요?"

2권을 탈고하면서 나에게 찾아온 버릇은 새벽 1시에 일어나 서재 책 상에 앉은 뒤 컴퓨터를 켜고 키보드를 두드리는 것이다. 어떤 날은 한 꼭지 교정을 4시 안에 마쳐서 뿌듯한 기분으로 아침을 맞이하지만, 어 떤 날은 한 문장도 못쓰고 일주일 이상을 허비하는 고통의 시간을 보 내기도 한다.

이러한 고통의 시간 속에서 드디어 깨달은 것이 있다. 그것은 '나 자 신이 눈높이를 너무 올리지 않았나?'라는 것이다.

그리고 나는 이 의문의 답을 찾았다. 바로 눈높이를 낮추면 책 쓰기 가 즐거워진다는 것이다.

최근에 읽고 많은 생각을 하게 한 『칼 세이건 살롱 2016』의 내용을 다음과 소개한다.

지구는 46억 년 전에 생겨 났으며 38억 년 전까지 생명체가 있었다는 중거들이 포착되고 있다. 인류도 최소한 여섯, 일곱 종의 인류가 서로 경쟁을 하다 호모 사피엔스만 남게 되었다. 바늘 같은 것, 즉 연장을 사용할 수 있었기 때문에 호모 사피엔스만 살아남게 되었다고 과학자들은 추측하고 있다.

이들이 동굴에서 공존하면서 인간이 될 수 있었던 원인이 네안데르탈인의 유전인자 때문이라고 한다. 지금 현존하는 지구의 인간은 종류가 다양한데 만약 일곱 종 이상이 멸종하지 않고 모두 생존했다면 인류는 그 수를 헤아릴 수 없을 정도로 다양한 종으로 발전했을 것이라는 이론이 성립될 수 있다.

이러하듯 인류의 진화과정을 보면서 보잘 것 없다고 생각할 수 있는 초고의 탈고, 교정과 비교를 해본다.

초고 쓰기는 책 쓰기의 집필 과정 중 마지막 단계에 해당한다. 내가 생각해왔던 주제와 콘셉트를 정하고 참고 서적들, 인쇄물, 인용문, 경쟁도서, 기록한 노트, 그동안 모아둔 사례들을 가지고 과감하게 첫 문장을 써나간다. 이렇게 매일 쓰고 또 쓰는 것이 초고이다.

그렇게 초고가 완성되면 2주일 이상 초고를 쳐다보지도 않고 감춰두었다가 다시 꺼내서 보는 것이 탈고 과정이다. 여러 번의 탈고 과정을 거친 후 수정하는 것이 교정 과정이다. 그러므로 초고 과정에서는 수정이 들어가는 탈고와 교정은 생각하지 말고 무조건 써가야 한다.

'초고는 걸레이지만…'이라고 표현했는데, '걸레'라는 단어를 살펴보면 첫 번째로 더러운 것을 닦거나 훔쳐내는데 쓰는 헝겊, 두 번째로 심하게 맞거나 부서진 상태, 세 번째로 욕설 또는 약간 다른 버전의 욕을 말한다.

사람을 비유할 때는 본래 순수하고 깨끗하게 태어났으나, 자신의 몸으로 세상의 온갖 더러운 것을 닦아낸 탓에 지저분하고 남루해진 상태를 표현한 단어다. 건물 내에서 청소를 할 때는 빗자루와 함께 청소의 양대산맥으로 잘 알려져 있는 청소도구다.

보통 손걸레의 경우 못쓰는 수건이나 의류로 쉽게 만든다. 여기에 막대기를 붙이면 대걸레가 된다. 시간이 지날수록 탈모가 심해지며, 털이 다 빠지면 죽게 된다. 그러나 모발 이식수술을 통해 살아나듯 걸레도 다듬으면 새로운 모습으로 태어난다.

과거에는 행주를 대량생산하지 못했기에 때로는 행주와 헷갈리고 구분이 애매한 경우가 있었다. 행주와 걸레를 구분하는 기준은 사용처로 주방에서 쓰이는 식기나 음식물, 식탁, 책상 등을 닦는 것이 행주이고, 바닥 등의 더러운 물질을 닦는 것은 걸레이다.

사람을 비유하는 경우에는 비속어, 욕설, 멸칭에 해당한다. 듣는 이에게 불쾌감을 주거나 자유분방한 하는 삶을 사는 사람을 말할 때는 성(性)적 내용이 포함되어 있다. 그래서 과거에는 한참 유행한 용어 중에 '걸레는 빨아도 걸레'라는 말이 있었다.

철이 없던 사춘기 시절 나의 별명 중 하나가 '걸레'였다. 걸레는 걸레인데 거기에 '스타'가 덧붙어서 탄생한 별명이 바로 '걸레스타'다.

걸레 중에서도 누구보다 다른 모습을 하고 산다고 하여 붙여진 별명인 '걸레스타'. 나는 이 별명을 좋아한다.

그러한 혼란스럽고 힘든 시간을 잘 견디고 극복했기에 대한민국의 경찰이 되었으며, 못난 과거를 지우기 위해 노력한 결과 동료강사가 되었으며, 부단하게 경력을 쌓아 경찰교육원 교수요원까지 되었다.

여기에 머무르지 않고 이제는 작가로서 명성을 날리며 직원들의 비전을 위해 이 책을 쓰면서 고통스럽지만 삶의 행복을 만끽하고 있기에 과거의 내 별명 '걸레스타'를 사랑하고, 이렇게 과감히 공개한다.

강원국 작가의 『대통령의 글쓰기』의 본문 중에는 '초고쓰기'에 대한 내 마음을 대변한 것 같은 글이 있어 다음과 같이 소개한다.

"모든 초고는 걸레다." 이 말은 놀랍게도 어니스트 헤밍웨이가 한 말이라고 한다. 유명한 소설가인 그가 이런 말을 했다는 게 다소 믿기지 않지만, 실제로 그는 자신의 초고를 무려 400번 넘게 고쳐 쓴 덕분에 노인과 바다를 집필할 수 있었다고 한다. 쉽게 글을 썼을 거라는 대중의 생각과 달리 그는 이러한 노력을 통해 보잘 것 없었던 자신의 글을 예술의 경지로 끌어올렸던 것이다.

처음부터 좋은 글을 쓰는 것은 어렵다. 이는 세계적인 소설가인 어니스트 헤밍웨이도 하지 못했던 일이다. 그러므로 처음부터 글을 잘 쓰지 못한다고 해서 좌절하거나 글 쓰는 것을 겁낼 필요는 없다.

자신의 글이 마음에 들지 않는다는 것은 아직 퇴고에 노력을 기울이지 않았다는 것을 의미할 뿐 글을 쓰는 능력이 부족하다는 걸 나타내는 것은 아니기 때문이다.

이처럼 책을 쓰는 작가에게 초고 완성이 결코 쉽지 않은 과정이라는 것을 세계적인 작가의 사례를 보면서 간접적으로나마 느낄 수 있다.

그러나 초고는 빠른 시간 내(평균적으로 2개월 이내)에 써야 한다. 초고를 쓰고도 열 번 이상의 탈고 과정을 거치면 초고의 문장과는 180도 다른 작품이 되는 경우가 많다. 그러므로 초고는 초고일 뿐이라는 마음가짐으로 눈높이를 낮추고 부담감을 떨치고서 초고를 쓰라고 말하고 싶다.

영국의 사회 비평가인 존 러스킨이 "책은 한 번 읽었다고 그 구실을 다하는 것이 아니다. 재독하고 애독하며, 다시 손에 떼어 놓을 수 없는 애착을 느끼는 데서 그지없는 가치를 발견할 것이다."라고 말했듯이 유명한 작품도 초고부터 완벽하지 않았으며, 형편없는 초고에서 시작되어 대작이 되었다는 것을 명심하자.

당신의 초고는 걸레이지만 탈고, 교정으로 다시 태어난다는 것을 결코 잊지 말자.

자기만의 노하우로
책을 완성하라

우리는 다른 사람과 같아지기 위해 삶의 3/4를 빼앗기고 있다.
— 쇼펜하우어 —

'노하우'라는 용어는 미국에서 최초로 사용된 것으로써 '기술적 비결'이라고 번역되고 있다. 오늘날은 번역되지 않고 전세계적에서 원문 그대로 사용되고 있다.

그밖에도 노하우는 트레이드 시크릿, 즉 경영비밀과 혼용되고 있다. 그래서인지 노하우의 정의에 대한 학설로 기술적 노하우와 상업적 노하우가 있다.

기술적 노하우란 어떤 사람이 가진 기술을 최량의 조건 하에 실시하는데 필요로 하는 지식이다. 반대로 상업적 노하우란 상업, 산업 등과 관련된 지식·경험으로 얻어진 정보를 말한다. 그리고 위에 나온 두 가지 노하우는 공통적으로 외부에 비밀로 하는 경우가 많다.

내가 내린 노하우에 대한 정의는, 지나간 시간동안 한 과정을 반복함으로써 얻어진 결과물이라고 할 수 있다.

다음의 사례는 내가 경찰업무를 하면서 경험을 살려 현장에서 문제점을 찾아낸 것으로, 위의 노하우 중 어느 쪽에 해당되는지 독자들에게 판단을 요청하면서 소개하고자 한다.

새로운 정부가 들어서면서 인권의 비중이 매우 높아지고 있다. 그 중에서도 사회적 약자인 어린이, 노약자, 여성, 장애인 보호에 대한 관심이 높다.

내가 근무하는 인천대공원을 비롯하여 근린 생활 공원 등에 위치한 여자화장실에는 위급한 상황 시에 경찰의 도움을 요청할 수 있도록 비상벨이 설치되어 있어 여성들의 높은 호응을 받고 있다. 그러나 24시간 가동되는 비상벨이 수시로 오작동을 일으키고 있어 경찰 인력이 낭비되는 부작용이 빈번하게 발생하고 있으며, 이에 따른 지역 경찰관들의 애로사항 많은 실정이다.

그 예로 내가 근무하는 서창파출소 인근에 위치한 인천대공원은 6000㎡(약 1800평) 부지에 장미원 등지에는 66종 1만2000여 주의 식물을 식재하고 있으며, 어린이동물원, 사계절 썰매장, 자전거 전용 도로, 호수, 캠핑장 등이 있어 주말과 공휴일 성수기에는 이용객이 15만이 넘는다.

때문에 공원 내 도로는 행락 인파로 복잡한 상황으로 공원 내 화장실에 설치된 비상벨 신고가 접수되면 복잡한 공원 내 도로를 112순찰차로 출동하는 과정에서 안전사고가 발생할 위험이 있는지라 직원들이 매우 곤혹스러워하는 실정이었다.

당장 어제도 주간 근무 중 몇 건의 신고를 받고 팀장으로서 해결 방법을 찾고자 현장에 출동했다.

'전에 근무하던 시내에 위치한 지구대의 근린공원, 어린이공원 등에 설치된 비상벨은 주로 야간에 주취자, 학생들의 장난으로 인한 오작동이 많았는데, 여기선 왜 주간에 비상벨이 울릴까?'라는 의문을 가지고 화장실을 이용하는 여성분들과 주변 상가주인 분들의 의견을 청취하고 현장을 분석한 결과, 주간에 빈번하게 발생하는 비상벨 오작동 원인을 찾게 되었다.

그 원인은 비상벨이 세면대 옆 핸드 드라이기 옆에 설치되어 있는 탓이었다. 핸드 드라이기를 처음 접하거나 자주 사용하지 않으신 연세가 있는 여성분들이 비상벨을 핸드 드라이기의 스위치로 오인하고 누르는 경우가 있어 신고가 접수된 것이다.

나는 곧바로 이 사실을 경찰서 상황실과 해당 과에 시정토록 통보를 하였으며, 비상벨의 설치가 증가될 추세라 해당 기관에서도 참고하시기를 바라는 마음에 이 경험을 공유한다.

우리나라의 독서 인구는 시간이 지날수록 감소하는 추세이다. 그런데 내가 책 쓰기 책을 쓰면서 글쓰기 또는 책 쓰기 책의 종류를 찾아보니 독자는 적은데 글쓰기와 관련된 책들이 난무하는 이상한 현상을 확인할 수 있었다.

'독자로 사는 것도 중요하지만 이 세상에 태어나 살아가면서 조상이 지어주신 내 이름 석 자로 된 책을 써서 작가로 거듭나야 한다.'

이런 내 생각과 뜻을 같이 하는 사람들이 늘어나면서 책 쓰기 열풍이 불기 시작해 오프라인 및 온라인상에는 책 쓰기 과정을 가르치는 곳이 많이 증가한 탓이다.

특히 이름난 책 쓰기 과정은 네이버 카페에 많이 몰려있는 데 소개를 하면 '한국 책 쓰기 성공학 코칭협회', '책 쓰기로 인생을 바꾸는 사람들', '명노진 인디라이터 연구소', '성공 책 쓰기 아카데미', '이상민 책 쓰기 연구소', '김병완 칼리지', '송숙희의 빵 굽는 타자기', '1인 출판 꿈꾸는 책공장' 등이 있다.

그러나 이곳들은 대부분 수강료가 고가이고, 서울 강남이나 분당 같은 곳에 몰려 있어 일반인들이 접근하기 어려운 단점이 있다.

하버드 학생들은 "책을 읽을 때 처음부터 끝까지 읽는 것보다 자신에게 필요한 부분을 골라 읽는 것에 집중한다."는 그들만의 노하우가 있다.

자기만의 노하우로 나만의 책을 쓰기 위해서는 다음과 같이 출간 계획서에 근거하여 스케줄을 작성한 후 본격적인 집필에 임해야 한다.

■ 출간 계획서

1. 제목(가제)

나만의 콘셉트가 담겨 있는 제목(2~3개 정도)을 정한다. 제목만 보아도 무엇을 위해 이 책을 썼는지 알 수 있어야 한다.

2. 기획 의도

이 책을 기획하고 집필하는 의도를 자세하게 적는다. 동시에 나만의 차별화된 점을 어필한다.

3. 장르 및 분야

인문학, 자기계발서, 에세이, 경제서 등 장르와 분야에 대해 적는다.

4. 저자 프로필

저자의 스펙이나 경쟁력을 약력으로 나열한 형태가 아닌, 프로필을 누구나 읽고 싶은 스토리텔링 형식으로 써야 한다.

5. 예상 원고내용

쓰고자 하는 책의 내용을 상세히 쓴다. 목차도 함께 적으면 된다.

6. 타깃 독자

책을 기획할 때 생각해두었던, 이 책을 읽게 될 주 타깃이 되는 독자층을 말하는 것으로 정확한 범위를 잡아야 한다.

7. 경쟁도서와의 차별성

이 책의 콘셉트와 유사한 주제를 다룬 기존의 책들로 연구하고 분석하여 자신이 쓰는 책의 장점과 차별성을 강조한다.

8. 집필 기간

원고를 언제 시작해서 초고, 탈고, 수정, 투고할 것인지 자세히 정한다.

9. 홍보 전략

책이 출간된 후 책을 어떻게 홍보할 것인 지 홍보 전략을 자세히 기록한다. 최근에는 저자와 출판사가 서로 소통하며 책을 마케팅하는 시대인만큼 출간 기념회, 강연, SNS를 통한 마케팅 전략을 생각한다.

미국의 정치가이자 독립 운동가인 패트릭 헨리는 "나는 나의 길을 인도해 주는 유일한 램프를 지니고 있다. 그것은 경험이란 램프다. 따라서 나는 막연한 미래를 점치고 판단할 때 가장 좋은 방법은 지나온 과거를 참고로 삼는 것이라고 생각한다."라고 말했다.

오랜 시간 동안 당신이 삶을 경험하면서 축적한 무엇보다도 소중한 자산인 자기만의 노하우로 책을 완성하라.

4장

한 권의 책이
당신의 인생을
변하게 한다

지금보다 절대 시작하기에
늦은 때란 없다

갓 열리기 시작한 오이는 그 오이가 장차 맛있게 될지 어떨지 모른다.

—— 탈무드 ——

얼마 전 SNS 상에서 관심을 끌었던 '90세 노인의 영어학원 등록이야
기'가 아직도 내 머릿속에서 맴돈다. 그 노인은 35년간의 직장 생활을
충실히 이행하고 명예로운 정년퇴직을 하였다.

그 이후 30년이란 시간을 아무것도 하지 않고 죽음을 기다리며 무의
미하게 보내버린 것을 반성하면서 90세의 나이에 영어학원을 등록했
다는 사연은, 이를 본 많은 사람들에게 충격과 자극을 주었으며 오늘
의 나를 반성하게 만든 계기가 되었다.

인생을 살아가면서 지금보다 절실한 나중은 없다. 어쩌면 나중이란
시간이 영원히 오지 않을 수도 있다. 눈앞에 와 있는 지금이란 시간은
과거라는 역사 속으로 빨려 들어간다. 지금 하지 않으면서 다음 기회
라는 이야기를 할 정도로 삶은 길지 않다. 지금, '가슴 뛰는 일'을 시작
하자!

세월의 속도란 인생이 흘러가는 속도를 말한다. 인생이 흘러가는 속도를 측정할 수 있는 척도는 하루와 1년이다. 하루는 자전속도, 1년은 공전속도다.

지구둘레는 37,680km로 지구의 자전속도는 초속 430m. 1초에 400m 트랙을 한 바퀴 도는 속도다. 지구가 태양 주위를 한 바퀴 도는데 걸리는 시간은 365일. 1초에 30km란 엄청난 속도로 지구는 태양의 주위를 돈다.

미국 심리학자 피터 맹건 교수는 20대와 60대를 대상으로 '3분'의 시간을 마음속으로 세다가 정확한 3분이 지났다고 생각될 때 얘기하도록 하는 실험을 진행했다.

그 결과 20대는 3초 안팎으로 3분의 시간을 정확히 알아맞힌 데 비해 60대는 40초 정도가 더 지나야 3분이 지났다고 얘기했는데, 이렇게 시간을 짧게 느낀 것은 나이가 들면서 우리 뇌에서 뭔가 시간 감각과 관련한 변화가 일어남을 암시 한다.

엊그제 새해를 시작한 것 같은데 어느새 한 해의 마무리단계에 와 있다. '누가 세월은 유수와 같다고 했던가?'라는 말을 새삼 실감한다. 물의 속도가 빨라진 것도 아니고, 지구의 공전속도가 빨라진 것도 아닌데 나이가 들수록 세월이 더 빨리 흘러간다고 한다.

그 이유 중 하나는 심리적인 것이라고 본다. 세월의 속도를 물으면 10대는 10km, 30대는 30km, 50대는 50km, 70대는 70km로 흐른다고 한다.

19세기 프랑스 철학자 폴 자네는 "열 살 아이는 1년을 인생의 10분의

1로 길게 여기고, 쉰 살 사내는 50분의 1로 짧게 여긴다"고 말했다. 그래서 버나드 쇼는 '지금 행복한지 아닌지에 대해 생각할만큼 빈둥거릴 시간을 가지는 것을 경계해야 한다.'고 지적했다.

어느 순간 우리나라의 총인구는 저출산과 기대수명 연장에 따라 2018년 4,934만 명을 정점으로 감소하기 시작하여 2050년에는 4,234만 명까지 줄어들 것으로 전망된다고 한다.

그 중 15세와 64세 사이의 인구로 정의되는 생산 가능인구는 2018년보다 2년 빠른 2016년 3,619만 명을 기록한 이후 감소하기 시작해 2050년에는 2,242만 명이 될 것으로 전망되고 있어 저출산과 고령화 사회에 따른 문제점을 심각하게 인식하고 개선해야 할 과제가 되었다.

'사람이 늙어가며 겪는 생활의 가치는 그 사람이 사는 동안에 얼마나 책을 읽었는가에 따라서 달라진다.'라고 아놀드가 말했듯이 과거의 우리 조상들처럼 40대가 되면 어른이 된 듯 헛기침하며 뒷짐 지고 팔자걸음을 걷는 시대는 역사 속으로 사라져야 한다.

꿈이 있는 사람과 꿈이 없는 사람은 하루하루를 살아가는 모습이 확연히 다르다. 나이가 들었다고 꿈과 비전이 없이 평범한 삶에 안주하며 자신의 꿈을 가슴 한편에 묻어둔 사람은 어제와 다를 바 없는 오늘을 살게 된다.

우물 안 개구리 같은 모습으로 직장 또는 사회가 만들어 놓은 울타리 안에 안주하며 매일 아등바등하며 사는 평범한 삶에 적응된 당신에게 말한다.

그 평범함은 '풍전등화' 같은 미래라고.

최근에는 정년이 단축되고 있어 '사오정', '오륙도'란 단어가 유행한 지 오래다. 이 말들은 이미 많은 사람들이 익숙해할 정도로 퍼졌다. 그리고 직장인을 언제 파리채에 맞아 죽을지 모르는 파리 목숨과 비교한다.

지금 잘 나간다고 해서 당신의 직장이 영원히 당신을 지켜 주지 않는다.

오늘도 잠을 못자고 가족과 함께하는 시간을 줄여가며 무작정 스펙을 쌓기에 바쁜 당신에게, 자신의 이름으로 된 책 한 권을 쓰는 것이 자신의 이름을 퍼스널 브랜딩 하는데 가장 효과적이라 말하겠다.

비록 지금은 평범한 삶을 살고 있다 하더라도, 자신의 꿈을 크게 그리기 위해 매일 초고를 써 나간다면 오늘과 다른 특별한 내일을 기대할 수 있다.

신은 모든 사물, 사람에게 한 가지 이상의 장점 또는 재능을 주었다. 모든 이에겐 직장생활을 하거나 자신의 사업을 하며 생긴 경험, 축적한 전공이 있기 마련이다.

그 귀한 삶의 경험을 기록으로 남기는 작업이 바로 초고 쓰기이다. 초고를 완성하여 그 중요한 기록이 책으로 출간되면 많은 독자들이 당신의 경험을 공유하고 싶어한다. 이 얼마나 짜릿한 일인가?

장점보다 단점이 많은 악조건을 극복하고 유명 연예인으로 바쁘게 활동하고 있는 박명수 씨의 어록을 보면서 당신이 마음을, 운명을 바

뛰어보기를 기대한다.

1. 늦었다고 생각할 때가 가장 늦은 거다. 그러니 지금 당장 시작해라.
2. 가는 말이 고우면 얕본다.
3. 즐길 수 없으면 피하라.
4. 세 번 참으면 호구된다.
5. 잘생긴 놈은 얼굴값하고 못생긴 놈은 꼴값을 한다.
6. 어려운 길은 길이 아니다.
7. 일찍 일어나는 새가 피곤하다.
8. 지금 공부 안하면 더울 때 더운데서 일하고 추울 때 추운데서 일한다.
9. 고생 끝에 골병난다.
10. 포기하면 편하다.
11. 내일도 할 수 있는 일을 굳이 오늘 할 필요 없다.
12. 성공은 1% 재능과 99% 빽.
13. 하나를 보고 열을 알면 무당.
14. "내 너 그럴 줄 알았다." 알았으면 제발 미리 말을 해줘라.
15. '시작이 반이다.'가 아니라 시작은 시작일 뿐이다.
16. 헌신하면 헌신짝된다.

더 이상 남에게 보여주기 위한 스펙을 쌓지 말고 당신의 꿈을 향한 책 쓰기에 시간과 노력을 투자하라. 당신의 책이 어렵게 들어간 직장에서는 무한경쟁 속에서 살아남게 하고, 당신의 사업에 탄력을 주는 에너지가 될 것이다.

'지금 시작하기에 너무 늦지 않았을까?'라는 부정적인 생각이 든다면 늦은 나이에 대학에 입학하고, 자동차 면허를 취득하고, 한글을 배우고, 세계배낭여행에 도전하는 분들과 밑에 소개할 늦은 나이에 등단한 작가들의 열정을 본받아 진정한 나를 위한 삶을 살아가기 바란다.

영국 여성 작가 피넬로프 피츠제럴드는 1979년 부커상 수상자로 병든 남편과 가족을 부양하느라 창작생활을 못하다가 58세 때 첫 장편을 발표했다. 파울로 코엘료 작가는 마흔에 산티아고를 여행하고 『연금술사』를 썼다.

타계한 박완서 작가는 주부로서, 아내로서, 다섯 아이의 엄마로서 치열한 삶을 살면서도 살림하는 틈틈이 밥상에 엎드려 자신이 구상해두었던 작가 김수근에 대한 이야기인 『나목』을 써서 여류 소설 공모전에서 대상을 타 마흔의 나이에 등단했다. 『우담바라』의 작가 남지심은 그런 박완서를 보고 자극을 받아 36살에 등단했다.

영화 〈벤자민 버튼의 시간은 거꾸로 간다〉에는 "살아가면서 너무 늦거나, 너무 이른 건 없단다. 꿈을 이루는데 제한 시간은 없단다."라는 말이 나온다.

나이가 드는 것은 아무도 막을 수 없으나 정신을 젊게 유지하는 것은 스스로 선택할 수 있다. 그러니 무엇을 하든 '지금보다 절대 시작하기에 늦은 때란 없다.'는 말을 기억하자.

첫 문장을 쓰는 순간,
꿈의 변화가 시작된다

자기 자신을 먼저 변화시켜라

— 마하트마 간디 —

어느 날 아침 그레고르 잠자가 불안한 꿈에서 깨어났을 때, 그는 침대 속에서 한 마리의 흉측한 갑충으로 변해있는 자신의 모습을 발견했다.

그는 철갑처럼 단단한 등껍질을 대고 누워있었다. 머리를 약간 쳐들어보니 불룩하게 솟은 갈색의 배가 보였고, 그 배는 다시 활모양으로 휜 각질의 칸들로 나뉘어 있었다. 이불은 금방이라도 주르르 미끌어져 내릴 듯 둥그런 언덕 같은 배 위에 가까스로 덮여 있었다. 몸뚱이에 비해 형편없이 가느다란 수많은 다리들은 애처롭게 바둥거리며 그의 눈앞에서 어른거렸다.

'이게 대체 어찌된 일일까?'

그는 생각했다.

10년 전에 접하고서 나의 인생관에 많은 변화를 갖게 한 프란츠 카프카의 『변신』의 첫 문장은 아직도 내 가슴속 깊은 곳에 자리잡고 있으며 수시로 그 감동을 떠올리게 한다.

대인관계에서 상대방의 첫 인상은 매우 중요하다. 책 쓰기에서 첫 인상과 같은 역할을 하는 것이 바로 첫 문장이다.

미국의 유명 카피라이터 조셉 슈거맨이 저서 『첫 문장에 반하게 하라』에서 "간단한 첫 문장에는 그 문장을 읽게 만드는 것 말고 또 어떤 역할이 있을까? 바로 두 번째 문장을 읽게 만드는 것이다."라고 했듯이, 첫 문장으로 글 읽는 사람의 마음을 끌어당길 수 있다면 일단 성공한 것이다.

첫 문장 쓰기에 대한 두려움은 책을 여러 권 출간한 기성 작가에게도 공통적으로 해당된다고 한다. 그럴 때는 당연히 거쳐야 할 과정이란 것을 잊지 말고 과감히, 그리고 간단하게 써 나가는 것이 방법이라고 작가들은 말한다.

다음은 인터넷상에서 많이 알려진 소설 속의 유명한 첫 문장들이다.

오늘 엄마가 죽었다. 아니 어쩌면 어제.

—『이방인』, 알베르 카뮈

나를 이스마엘이라 부르라.

—『모비 딕』, 허먼 멜빌

부끄럼 많은 생애를 보냈습니다.

— 『인간실격』, 다자이 오사무

최고의 시절이자 최악의 시절이었다.

— 『두 도시 이야기』, 찰스 디킨스

국경의 긴 터널을 지나자 설국이었다. 밤의 바닥이 하얘졌다.

— 『설국』, 가와바타 야스나리

　행복한 가정은 모두 모습이 비슷하고, 불행한 가정은 모두 제각각의 불행을 안고 있다.

— 『안나 카레니나』, 톨스토이

　오래도록 나는 내가 태어났을 때의 광경을 보았노라고 우겼다.

— 『가면의 고백』, 미시마 유키오

　박제가 되어버린 천재를 아시오? 나는 유쾌하오. 이런 때 연애까지가 유쾌하오.

— 『날개』, 이상

　버려진 섬마다 꽃이 피었다.

— 『칼의 노래』, 김훈

당연히 이것은 수기이다.

— 『장미의 이름』, 움베르트 에코

김민영 작가는 『첫 문장의 두려움을 없애라』에서 '스티븐 달드리 감독'의 영화 〈빌리 엘리어트〉를 소개했다.

영국에 한 탄광촌에 사는 주인공 소년은 춤을 추고 싶어 한다. 부모의 반대와 모두 여학생들 속의 어려운 여건에서도 끊임없이 춤을 춘 결과 발레리노로 성공하게 된다.

그렇게 영화의 줄거리를 소개한 후, 그녀는 "좋아한다는 것은 그 분야에 알려진 불가능마저 뛰어넘을 수 있는 에너지를 준다."고 말했다. 그리고,

"저는 국문과나 문창과를 나오지 않았어요. 글쓰기를 무작정 좋아하기만 했죠. 글쓰기는 타고난 재능과 문학적 자질이 있어야 한다고 생각하는 분들이 많아요. 저는 그렇지 않다고 생각합니다."

라고 덧붙였다.

누구나 책 쓰기를 하고 싶다는 마음을 가슴속에 가지고 있으나 첫 문장 쓰기에 대한 두려움을 극복하지 못해서 책 쓰기를 망설이는 경우가 대부분이다.

첫 문장부터 무언가를 잡아야 한다는 강박감을 떨쳐버리고 과감히

나를 노출하며 스스로 쓸 수 있는 환경을 만들어 주는 방법을 위해, 첫 문장 쓰기에 대한 두려움의 원인을 분석해본다.

첫 번째는 잘 쓰려는 욕심 때문이다.
두 번째는 글(책)을 써본 경험이 없기 때문이다.
세 번째는 멋진 문장을 쓰려고만 하기 때문이다.
네 번째는 눈높이가 높기 때문이다.
마지막으로 주변 시선을 의식하는 탓이다.

『샬롯의 거미줄』을 쓴 미국의 동화작가 E.B 화이트는 "위대한 글쓰기는 존재하지 않는다. 오직 위대한 고쳐 쓰기만 존재할 뿐이다."라고 말했다.

이처럼 잘 읽히는 글을 쓰고 싶다면 많은 시간을 고쳐 쓰기에 할애하는 과정이 필요하다. 그러니 첫 문장에 대하여 강박관념에 사로잡히지 말고 당신의 꿈을 향해 과감히 첫 문장을 써야한다.

우리는 대부분 '블로그에 글을 올리거나 책을 출간하면 누군가 질책하는 댓글, 서평을 달지 않을까?'라는 불안과 걱정에 시달린다.

그러나 주변 사람들은 다른 사람들에게 관심이 없는 것이 현실이므로 항상 목차를 출력해놓고 주제와 콘셉트를 생각하면서 나만의 문장을 만들겠다는 자세로 임하여야 한다.

첫 문장 쓰기가 그 무엇보다도 힘들다고 말하는 사람들이 많이 있다. 첫 문장에 대한 두려움을 극복하기 위해서는 나 혼자 보는 낙서를 한다는 느낌의 편한 자세로 첫 문장에 너무 큰 의미를 부여하지 말고 생각나는 대로, 펜이 가는 대로 써야 한다.

첫 문장이 아무리 형편없다 해도 걱정은 포장해놓는 게 좋다. 문장을 수정할 때 가장 먼저, 그리고 가장 많이 고치고 교정하는 부분이 바로 첫 문장이다. 그러므로 첫 문장이 가장 잘 다듬어질 수 있다.

『노인과 바다』로 유명한, 이 원고를 200번 정도 고쳐 썼다고 알려진 헤밍웨이는 이런 말을 했다.

"모든 초고는 걸레다."

그렇다. 세계적으로 유명한 작가의 초고 역시 쓰레기였다. 하지만 강물이 흐르듯 자연스럽게 글쓰기를 반복하면 당신의 의식이 확장되어 어느덧 꿈의 변화가 시작된다.

미국의 소설가이자 『톰 소여의 모험』의 작가인 새뮤얼 랭혼 클레먼스(마크 트웨인이라는 필명으로 유명)는 "지금으로부터 20년 후에, 당신은 당신이 한 일보다 하지 않았던 일들을 더욱 후회할 것이다. 그러니 뱃머리를 묶고 있는 밧줄을 풀어 던져라. 안전한 항구에서 벗어나 항해를 떠나라. 당신의 항해에 무역풍을 타라. 탐험하라. 꿈꾸라. 발견하라."고 말했다.

이처럼 모든 고민을 떨쳐버리고 당신이 첫 문장을 쓰는 순간, 꿈의 변화가 시작된다.

저서는 독자의 꽃이 되고
고객과 부를 불러온다

부에는 명예가 따른다. 부는 인간의 정신에 큰 지배력을 준다.
— 쉴러(독일 시인) —

올해 1월 넷째 주 수요일 오후. 나의 책 『위대한 고객』의 독자이시며 인생의 연배이신 장노 님과 작가와의 만남이란 명목으로 시내 커피숍에서 만나게 되었다. 내 책을 세 번이나 탐독하신 그분은 조그만 수첩에 질문 요지를 꼼꼼히 적어 오셔서는 하나하나 질문하셨다.

"작가님은 무슨 종교를 가지고 계시냐?"는 질문에 모태 신앙이나 현재 직장 및 배움의 길을 가다보니 제대로 나가지 못하고 있다고 대답했다.

이에 그분은 종교적인 갈등에 따른 고뇌에 대한 경험을 말씀하시며 어려운 순간에 찾게 된 목회자의 교회를 먼 거리(경기도 화성시 팔탄면 위치)임에도 불구하고 20년 동안 다니며 신앙생활을 하고 계신다고 말씀하셨다. 그 말에 작가인 내가 더 감동을 받았다.

다음으로 '어릴 때 꿈이 섬 전체를 사는 것'이라고 했는데 왜 그런 생각을 했는지 물으시기에 섬 출신으로 눈만 뜨면 보이는 것이 섬이었기에 그런 생각을 갖게 되었다고 말씀드렸다. 그렇게 질문에 대답하면서 다시 한 번 느낀 점은, 환경이 인간의 삶을 지배한다는 것이었다.

나는 첫 번째 단독서인 『위대한 고객』을 마치 전투를 치르는 것 같이 필사적으로 집필했다. 교대근무를 하는 지역경찰서에서 현장에서 직접 뛰는 근무를 하는 와중에도 밤을 낮 삼아 졸음과 허기와 사투를 벌이며 일 년 동안 A4 용지 300페이지 이상을 썼다.

주위 사람들의 냉소적인 반응에 인내하면서 내 안의 묵은 고민을 해결하고 싶었다. '책을 통해 나와 같이 일하고 있는 수많은 사람들의 삶에 변화'를 주고 싶었다.

작가는 책을 쓰면서 다시 한 번 인생을 배우고, 삶의 그릇을 키워간다. 책을 쓴다는 것은 책상에 앉아 글을 쓰는 것만을 말하지 않는다.

경쟁서적을 탐독하고, 영화와 연극을 보고, 신문, 잡지, TV, 언론, 인터넷 등을 보고, 전공과 관련된 사람들도 만나보고, 주변에 있는 광고물을 유심히 보고, 주변 사람들의 수다를 들으면서 책 쓰기의 자료를 수집한다.

이노우에 히로유키의 『배움을 돈으로 바꾸는 기술』의 본문 중에 '오늘의 현실은 어제의 생각이 만들어낸 결과물이다.'라는 말은 이 시대에 사는 우리에게 많은 질문을 갖게 한다.

공부를 직업으로 삼는 학자나 연구자가 아니라면, 어른이 되고 난 후에 가장 중요한 배움은 '성공으로 이끌어주는 배움'이라고 할 수 있다. 때문에 평소에도 직업 기술을 연마하거나 최신기술을 익히는 노력을 게을리 해서는 안 된다.

지금은 초고속성장 시대이다. 1년 전, 아니 반년 전의 지식은 낡은 것이 되어 버린다. 어느 분야든 마찬가지이다. 게다가 글로벌화로 인해 영어로 의사소통 하는 것은 거의 당연시되는 능력이 되었다.

이처럼 세상은 빠르게 변화하고 있다. 무한경쟁과 불황으로 인해 누구나 생존을 염려하는 지금, 우리에게 가장 필요한 것은 자신의 가치를 확고하게 상승시킬 수 있는 배움이다.

그 첫걸음으로 우선, 이 우주가 어떤 법칙에 의해 움직이고 있는지부터 배워본다.

우주의 법칙성은 다음과 같다.

1. 사람은 누구나 무한한 가능성을 가지고 있다.
2. 그 무한한 가능성을 이끌어주는 회로는 잠재의식이다.
3. 지금의 내 현실은 이제까지의 내 생각이 만들어낸 결과이다.

이 세 가지 법칙을 완벽히 이해하고 자신의 일부로 만들 때까지 계속 배워나가야 한다.

책을 써야 자신이 원하는 사람과 가까워지고 삶이 보다 더 깊어진다는 것을 독자를 만나고 나서 실감하였다. 내가 평소에 만나고 싶었던 분들을 책이 만나게 해 주었다. 책을 쓴 사람과 그렇지 않은 사람의 차이도 실감할 수 있다.

당신이 독자에게, 그리고 모든 사람들에게 전하고 싶은 당신만의 '메시지'가 당신의 책 속에서 살아 있는 문장으로 표현되었을 때, 그 책은 베스트셀러가 될 확률이 높아지고 당신의 책을 찾는 독자들이 반응하고 책을 통하여 소통할 것이다.

당신이 초고를 완성하고 5번 이상의 탈고 과정을 거쳐 원고를 완성했다면, 출판사에 투고하기 위한 출간제안서를 작성한다.

출간제안서는 내 원고가 출판사 편집자들의 관심을 받을 수 있도록 사용설명을 하고 출간을 제안하는 것으로, 투고 인사말이나 출간기획서와 동일한 뜻이다.

출판사와의 원고 계약을 위해 출간제안서를 작성하는 것은 매우 중요한 일이다. 출간제안서를 어떻게 작성하였느냐에 따라서 원고가 아무리 훌륭하더라도 거절을 당하는 경우가 있다.

보통 편집자들은 원고의 요약서인 출간제안서를 먼저 읽어보고, 그중에서 눈길을 끌고 임팩트가 있는 원고를 보기 때문이다. 결국 출간제안서가 편집자의 눈길을 끌지 못하면 그 원고는 바로 휴지통으로 향하는 신세가 되고 만다.

투고 인사말은 미리 작성한 출간계획서를 참고해서 한글파일로 작성하면 된다. 출간계획서에서 제목(가제), 저자 프로필(이름, 연락처 등을 기재), 기획의도, 핵심 독자층, 핵심 콘셉트, 이 책이 갖는 경쟁력, 이 책에서만 볼 수 있는 가치, 홍보 및 마케팅 아이디어, 예상 출간 시기, 목차를 첨삭한다.

가장 먼저 투고 인사말을 작성한 다음 3줄 정도를 띄고 제목과 목차를 쓰면 A4 용지 2~3장 정도의 분량이 나온다. 이것을 복사해서 메일내용에 붙여 넣고 완성된 원고는 파일로 별도 첨부해서 메일로 발송한다.

'혹시 내가 보낸 원고가 유출되지 않을까?'라는 의문을 갖는 초보 작가들이 있는데, 출판사에는 매일 수십 통의 원고가 들어온다. 그러나 그 가운데 출판사의 시선을 끌지 못하는 원고는 즉시 전량 폐기하는 것을 원칙으로 한다.

출간제안서를 투고할 때는 출판사 편집자들이 내 원고를 거절하지 못하도록 내 원고의 강점을 최대한 알려야 한다.

투고인사말에 시선을 끌 정도의 임팩트가 없으면 편집자의 눈에서 멀어진다. 또한 원고내용이 아무리 좋아도 투고인사말이 엉성하고 한 말을 되풀이하는 등 신뢰가 떨어지면 편집자의 눈에서 멀어지기에 되도록 핵심 위주로 간단명료하게 쓴다. 과장되게 쓰지 말고 초심을 갖고 정성을 다해 솔직한 자세로 쓰면 원고의 운명이 바뀔 수 있다는 것을 명심하자.

"책, 그대는 사원의 황금 그릇이요, 언제까지 손에 들고 있어야할 타오르는 등불이다."라고 R. D. 베리가 말했듯이 어제의 내가 아닌 다른 나를 원한다면 자신만의 책을 써야한다.

무엇을 써야할지 고민하지 말고 당신이 경험한 당신만의 노하우를 담아라. 자신만의 고유의 업무, 연륜을 책으로 어떻게 옮길 수 있을지를 고민을 하라.

당신만의 경험과 수많은 사례를 불러 올 때, 당신의 저서는 '독자의 꽃이 되고 고객과 부를 나에게 불러온다.'

조상의 위대한 가치가
당신의 이름에 있다

이 세상에서 가장 아름다운 말은 자기의 이름 3자이다.
— 데일 카네기 —

나란 존재가 이 지구에 태어날 때, 내 스스로 정하지 못하는 것은 조상, 부모, 형제, 태어나는 나라, 지역, 혈액형 그리고 이름이다.

이 모든 것들은 내가 아닌 타인에 의해 정해지기 때문에 길을 걸어가는 행인들에게, 특히 성인들에게 본인의 이름에 만족하느냐고 물어보았을 때 그 즉시 만족하고 있다고 응답하는 경우가 적다.

대법원 통계에 따르면 2000년부터 2009년까지 개명 신청서를 낸 사람은 모두 84만4000여명이고, 이 가운데 73만여 명(허가율 86.4%)이 신청한 대로 이름을 바꿨다고 한다. 국민 50명 가운데 1명꼴로 개명을 시도한 것이다.

특히 연예인들의 개명이 많은데, 연예인 중 개명으로 스타가 된 사례를 순위별로 살펴보면 개명의 효과에 대하여 다시 한 번 생각해보게 된다.

1위는 오연서로 본명은 오햇님이다. 개명 후 10년 동안 이어진 무명 생활을 끝내고 3개월 만에 5편의 광고모델로 발탁되고, 드라마, 영화 주·조연으로 캐스팅됐다. '왔다 장보리.'로 최우수 연기상을 수상하기까지 했다.

2위는 연우진으로 본명은 김봉희. 서지후란 예명으로 데뷔했지만 생각보다 일이 풀리지 않아 연우진으로 개명했다. 개명 후 여러 작품에 캐스팅되고 '연애 말고 결혼'에 출연해 동시간대 시청율 1위를 기록했다. 이후 대세남에 등극해 수많은 작품에서 러브콜을 받는 중이다.

3위인 장신영의 본명은 장신자로 미스 춘향 출신이다. 22살에 결혼한 후 3년 만에 이혼했는데 그 아픔을 딛고 재기한 그녀는 2012년 연말시상식에서 특별연기상을 수상했다.

4위는 최진혁. 본명은 김태호로 2006년 서바이벌 스타오디션에서 5,000:1의 경쟁률을 뚫고 최종우승했다. 하지만 동명이인 때문에 자신의 기사가 묻혀버리자 예명을 사용하기 시작했다. 개명 직후 '괜찮아, 아빠딸'에서 주연을 맡은 이후, 세 편의 인기드라마에 출연해 신인상, 우수연기상 수상을 수상했다.

이밖에도 현빈, 비, 최강희, 김우빈, 오현경, 하지원, 서태지, 이지아, 아이유, 최지우, 장혁, 지성, 손예진, 김민, 원빈 등을 손꼽아 볼 수 있다.

또한 본명보다 개명한 이름으로 더 잘 알려진 연예인들을 살펴보면 (괄호 안은 본명임)은 누구나 공감하고 친숙한 연예인들이 많다.

최불암(최영한), 나훈아(최홍기), 태진아(조방헌), 강석우(강만홍), 혜은이(김승주) 주현(주일훈), 허참(이상용), 패티김(김혜자), 이주노(이상우), 김규리(김민선), 전진(박충재), 신혜성(정필), 강타(안칠현), 현빈(김태평), 송승헌(송승복), 손예진(손언진), 심혜진(심상군), 강수지(조문례), 이하늘(이근배), 한가인(김현주) 등 많은 연예인이 본명보다 개명한 이름으로 더 잘 알려져 있다.

이와 같이 사람에게는 이름이 그만큼 중요한 비중을 차지하기에 많은 이들이 조상이 지어준 이름을 버리고 개명하는 사례가 증가하는 것을 간접적으로나마 확인할 수 있다.

그러면 책에서 이름과 같은 역할을 하는 것은 과연 무엇일까? 나는 과감히 말한다. 책의 이름은 제목이다. 독자들이 책을 볼 때 제일 먼저 확인하는 책의 제목이 특이하고 섹시하고 공감이 가고 궁금증을 유발하고 고객의 시선을 끄는 디자인이 책을 집어 들게 만든다.

좋은 제목을 만들기 위해 작가도 많은 고민을 하지만 출판사의 편집자들 역시 몇 날 며칠을 고민하면서 수십 수백 가지 제목을 적어 보기도 한다.

김태광 작가는 『10년 차 직장인, 사표대신 책을 써라』에서 「책 제목이 바로 콘셉트다」라는 챕터에서 제목을 정할 때 어떤 요소를 가미해야하는지 다음 네 가지 항목으로 정리하였다.

① 단순한 서술형보다 형용사, 부사, 감탄사 등을 넣는다.
② 직설적인 제목보다는 비유적, 은유적인 제목이 좋다.

③ 제목의 길이에 연연하지 않는다.

④ 제목을 들었을 때 책의 콘셉트를 파악할 수 있어야 한다.

나도 『30년 차 경찰공무원이 말하는 위대한 고객(KingPin Customer)』을 출간하면서 제목 수백 가지를 적어놓고 수십 일을 고민하다가 위의 제목으로 결정한 사례가 있다.

제목 정하기의 고통을 조금이나마 경험한 셈이다.

그럼 지금부터 베스트셀러로 이름을 날렸던 유명한 책들의 제목을 살펴보겠다. 제목을 곱씹어 보면서 보시기 바란다.

어떤 글귀가 고객의 마음을 움직이게 하여 베스트셀러가 되었는지, 이를 통해 당신이 책 제목을 정할 때 도움이 되었으면 한다.

『멋지게 한 말씀』, 『아프니까 청춘이다』, 『아침형인간』, 『닥치고 정치』, 『이기는 습관』.

『10년 후, 한국』, 『꿈꾸는 다락방』, 『비서처럼 하라』, 『배짱으로 삽시다』, 『마시멜로 이야기』.

『정의란 무엇인가』, 『엄마를 부탁해』, 『바보 빅터』, 『나는 아내와의 결혼을 후회한다』.

『생각버리기 연습』, 『성공하는 사람들의 7가지 습관』, 『서른 살이 심리학에게 묻다』.

『칭찬은 고래도 춤추게 한다』, 『나의 문화유산답사기』, 『여자처럼 힐러리처럼』.

『책은 도끼다』,『리딩으로 리드하라』,『멈추면 비로소 보이는 것들』,『남자의 물건』.

『마흔, 논어를 읽어야 할 시간』,『굿바이, 게으름』,『회사가 알려주지 않는 50가지 비밀』.

『내 몸 사용설명서』,『대한민국 20대, 재테크에 미쳐라』.

조관일 작가는『탁구영의 책 한 권 쓰기』〈베스트셀러 제목 탐구: 사례에서 배우자〉 챕터에서 제목의 유형을 다음과 같이 10가지로 분류했는데, 이 또한 제목을 정할 때 참고가 되기를 바란다.

① 전통형 ② 광고카피형 ③ 중간형 ④ 절충형 ⑤ 창조형 ⑥ 단어형 ⑦ 서술형 ⑧ 명령형 ⑨ 질문형 ⑩ 숫자형

이렇게 제목을 정하고 출간제안서를 작성한 뒤 내 원고에 맞는 출판사를 선정했다면, 다음으로 출판사의 관심을 끌 수 있는 저자 프로필을 작성해야 한다.

저자 프로필은 편집자의 시선을 끌게 하는데 많은 영향을 준다. 때문에 기존에 많이 사용하는 이력서 양식 같은 프로필은 초보 저자라는 것을 간접적으로 알려 준다.

그러니 저자 프로필을 쓸 때는 이 책과 관련된 본인의 이력, 스펙, 비전, 가치관 등을 적어 편집자들은 물론 독자들의 관심을 끌어야 한다. 베스트셀러 작가들의 저자 프로필을 벤치마킹하여 작성하면 보다 나

은 프로필이 완성될 것이다.

지난해에는 대중들에게 유명한 가수로 알려진 조영남이 대작 논란에 휩싸였다. 그동안 알려졌던 조영남의 작품들은 조영남이 콘셉트를 제공하고 보조 작가가 조영남의 지시대로 그림을 그린 후 조영남의 사인이 얹어져 판매되었다는 것이다.

대작을 한 화가는 한 작품 당 10만 원을 받은 반면, 작품을 마무리하고 사인을 조영남은 작품을 1천만 원에 판매했다. 유명인의 사인이 미술 작품의 가격을 결정한 것이다.

일상적인 물건은 정가가 정해져 있다. 그러나 미술품 가격은 작가의 이름값이나 희소성 등 심리적인 요인에 의해 가격이 정해진다는 특징이 있다. 작품 자체의 가치와 가수로 유명한 조영남의 이름이 더해졌다 해도 1천만 원이라는 가격은 결코 적지 않은 금액이다.

미술계에서는 여러 명의 화가가 함께 작업하는 것을 '관행'으로 친다는 옹호의견도 있다. 그러나 가수 조영남이라는 이름을 믿고 작품을 구매한 소비자들에게는 이름값의 문제가 크게 작용했다는 것을 부정할 수 없다. 공인으로서 자신의 이름을 걸었다면 그 책임 또한 매우 무겁다는 것을 망각해서는 안 된다.

미국의 작가이자 강사로서 처음 본격적인 자기계발서를 만들어낸 사람으로 유명한 데일 카네기는 '이 세상에서 가장 아름다운 말은 자기의 이름 3자이다.'라고 이름의 중요성을 강조했다.

비록 내가 지은 이름이 아닌 타인에 의해 지어진 이름 석 자-석 자가 아닌 이름도 있겠지만-이지만 '조상의 위대한 가치가 당신의 이름에 숨어 있다'는 명예와 자존심을 가지고 당신의 이름을 빛내기를 기대한다.

모든 일에서 우선순위를
책 쓰기로 정해라

첫 번째 둘 것을 첫째로 하면 두 번째 것은 굴러 들어오지만,
두 번째 것을 첫째로 하면 첫째와 둘째 모두를 잃는다.

— C.S.루이스 —

세상을 살아가는 모든 사람들은 삶 속에서 자신이 정한 우선순위에 따라 그날그날을 살아가고 있다. 나는 어릴 때부터 이어온 습관이 있는데, 매일 단기, 중기, 장기 계획을 세우고 메모한 후 기록한 과정을 실천하면서 계속 수정을 하며 목표를 향해 전진하는 것이다. 그리고 그 습관대로 인생의 길을 걷고 있다.

우리는 인생을 살아가면서 항상 고민을 한다. '오늘 점심 메뉴는 무엇으로 선택할까?', '저녁시간에는 누구와 만날까?', '주말에는 무엇을 할까?'라는 일상적이고 반복되는 고민부터 중요한 결정을 내려야 하는 순간 등 삶은 수레바퀴가 굴러가듯 수많은 고민의 연속이다.

우선순위와 관련하여 예전에 교육을 받으면서 전해 들었던 이야기를 하나 소개해 본다.

옛날, 어느 부잣집에 아주 일을 잘하는 하인이 있었다. 주인이 감자

를 캐오라고 하면 다른 하인들보다 항상 더 많이 캐 오는 성실한 사람이었기에 주인은 그를 신임하였으며 마음에 들었다.

어느 날은 주인이 그간의 노고를 보상해 주고 싶은 마음에 "지금까지 캔 감자 중에 가장 좋은 것 10개를 골라서 집에 가져가라."고 말했다. 그랬더니 그 하인은 하나도 챙기지 못했다. 눈앞의 감자가 좋아보여 고르려 하면 옆의 감자가 더 좋아보이고, 옆의 감자를 고르려 하면 뒤쪽의 감자가 더 좋아보였기 때문이다.

하인은 감자를 고르지 못하고 주인에게 이렇게 하소연을 했다.

"주인님, 감자를 캐는 것은 남들보다 많이, 빨리 캘 수 있지만 굵은 것과 작은 것을 고르는 것은 도저히 못하겠습니다. 차라리 다른 일을 시켜주십시오."

이 하인은 감자 캐기는 그렇게 잘하면서 왜 좋은 감자를 고르는 일은 어려웠을까? 선택이 어려운 이유는 '선택의 기준'을 자신이 세워야하기 때문이다.

우리가 생각하는 역사상 성공한 사람들의 공통적인 특징은 그들은 언제나 대중 속에 묻혀 있는 것을 거부하고 소수의 편에 섰다는 것이다. 대중 속에 소속되어 자신이 알고 있는 생활 범위 내에서의 삶을 살면 언제나 안정적이고 편안하다. 그러나 다수가 모이는 곳에는 절대 기회가 없다.

소수 안에서 고독과 싸우며 자신의 신념을 지킬 용기가 있는 사람만

이 성공할 수 있다. 자기만족을 얻으려면 자신의 가치관을 만들어 추진하여야 한다.

그러나 대중들은 대부분 타인의 의견을 무작정 받아들이고 생각지 않고 남의 말에 휘둘린다. 정보와 아이디어를 다른 사람들로부터 얻더라도 자신의 머리로 생각하고 판단한 후 결정하는 것은 오롯이 자신의 몫이다.

널리 알려진 위대한 물리학자 아인슈타인의 초등학교 성적은 형편없었다. 아인슈타인의 성적표 의견란에 '이 학생은 어떤 일을 해도 성공할 수 없을 것으로 판단됨.'이라고 그의 담임선생이 적었다.

그러나 아인슈타인의 어머니는 "너는 남들과는 아주 다른 특별한 재능을 가지고 있단다. 남과 같아서야 어떻게 성공하겠니!"라고 말했다고 한다.

성공한 사람은 인류의 5%미만이라고 한다. 그 외 95%는 보편적으로 대중이라 말한다. 이 세상 사람들이 생각하는 대로 행동한다면 대중과 같은 결과를 얻게 될 것이다. 대중과 다른 무언가를 얻고 싶다면 대중과 다르게 생각하고 행동해야 한다.

나의 경우 첫 단독서인 『위대한 고객』 책을 집필하는 동안, 모든 것에서의 우선 순위를 책 쓰기에 두고 직장생활에서의 스트레스와 교대 근무로 인한 수면부족과 싸웠다.

그리고 이 책을 읽는 독자들이 무언가 하나라도 건져갈 수 있도록 의미 있는 책을 만들어야 한다는 책임감으로 긴 밤을 지새우고 고뇌하면서 나의 온 정신을 한 곳에 집중했다.

그동안 읽은 모든 도서에서 필요한 내용을 찾아내려고 수백 권의 책을 뒤졌고, 몇십 년 간 써온 일기장과 업무 노트, 그리고 10년 이상 된 강의자료와 경험을 돌이켜보는 고통을 겪으면서도 책을 쓰고 싶다고 간절히 원하였기에 책 쓰기와의 전쟁에서 기어이 승리해 초고를 완성했다.

"백 명의 환자들을 무덤으로 보내야만 유명한 의사가 될 수 있다. 완성의 순간에 도달할 때까지 부단히 노력해야만 한다."라는 그라시안의 말이 있듯이 자신의 환경을 탓하기 전에 모든 역량을 다해 도전해봐야 할 의무를 먼저 수행해야 한다.

세계에서 가장 부유한 방송인이자, 가장 성공한 흑인 여성으로 꼽히는 방송 진행자 오프라 윈프리는 이렇게 말했다.

"우리 인생에 있어서 가장 큰 비밀은, '비밀 따위는 없다는 것'이다. 당신의 인생의 목표가 무엇이던지 열심히 할 의지만 있다면 그것은 큰 비결 없이도 달성할 수가 있다."

우리에게 성공한 사람으로 알려진 지인들에게 '성공의 원동력' 또는 '삶의 비결'을 물어보면 대부분의 사람들이 공통적으로 하는 말이 '특별한 것은 없다. 목표를 향해 꾸준히 노력한 결과'라고 한다.

매년 학력고사나 수능에서 수석을 차지한 학생들에게 그 비결을 물어보면, "하루에 6시간씩 꼭 자고 수업과 교과서 위주로 공부했어요." 라는 공통된 답을 들을 수 있는 것도 그 때문이다.

과거 수천 년 동안 인간이 진화하면서 남자의 경우 사냥을 하면서 살아야했기 때문에 공간적, 시각적, 수리적 사고와 직관을 담당하는 좌뇌의 기능이 상대적으로 더 발달했다.

반면 여자는 양육과 육아 등 언어로 모든 것을 풀어 나가야했기 때문에 강성과 창의성이 발현되어 우뇌가 더 발달했다.

그래서인지 남자는 언어 중추의 90% 정도가 좌뇌에 있는 반면, 여자는 60~70% 정도는 좌뇌에 있고 30~40% 정도는 우뇌에 있다고 한다.

남자들은 보통 대화를 좌뇌 위주로 하고 여자들은 좌뇌와 우뇌를 같이 쓸 수 있기 때문에 한 번에 여러 가지 일을 동시에 하면서 대화가 가능하다. 그러나 남자는 한 번에 한가지 일 밖에 집중을 못한다. 이것이 남녀의 차이이다.

당신의 노력의 결실인 원고의 출판계약은 인간관계가 아니라 저자와 출판사 간의 계약관계로, 이는 철저한 비즈니스 관계다. 당장은 좋은 관계를 유지하겠지만 차후 어떠한 변수가 생길지 모르는 것이 현실. 때문에 계약을 할 때는 세밀하고 살펴보고 명확하게 판단해야 하므로 나만의 기본원칙을 다음과 같이 세운다.

첫 번째. 출간시기

- 보통 2~3개월, 늦어도 3~6개월이며 너무 늦으면 생각을 바꿔야 한다.

두 번째. 인세(계약금 : 선인세, 잔여인세)

- 기성 작가들은 보통 10%, 신인작가의 경우 6~8%로 다른 조건이 좋다면 선인세가 적어도 계약을 하는 것이 좋다. 잔여인세 지급 기간도 언제인지 정확히 확인해야 한다.

세 번째. 저자 증정 부수

- 평균적으로 10부에서 20부를 주며 저자의 능력에 따라 추가로 더 받을 수도 있다.

네 번째. 제목

- 제목은 저자의 생각이 많이 반영되도록 노력해야 한다.

다섯 번째. 원고 수정 범위

- 원고의 수정 범위가 넓으면 저자의 의사가 많이 반영되도록 면밀하게 살펴서 확실하게 하여야 한다.

"먼저 당신이 원하는 것을 결정하라. 그리고 그것을 이루기 위해 당신이 기꺼이 바꿀 수 있는 것이 무엇인지 결정하라. 그 다음에는 그 일들의 우선순위를 정하고 곧바로 그 일에 착수하라."라고 H. L. 린트는 결정의 중요성을 강조했다. 세상을 살아가는 누구에게나 할 일은 수없이 많다. 그러나 나의 인생을 변화시키길 절실히 원한다면 지금 즉시 모든 일에서 우선순위를 책 쓰기로 정해라.

저서가 쌓일수록
당신의 인생자본도 늘어난다

노동은 자본보다 우위에 있으며, 더 큰 대가를 받아 마땅하다.
— 에이브러햄 링컨 —

유네스코는 세계인의 독서 증진을 위해 1995년 4월 23일을 '세계 책의 날'로 제정하였다. '세계 책의 날'은 스페인의 카탈루냐 지방에서 책을 읽는 사람에게 꽃을 선물하던 '세인트 조지의 날'과 1616년 세르반테스와 셰익스피어가 동시에 사망한 날에서 유래하였으며 전 세계 80여 개 국가에서 이날을 기념하고 있다.

스페인에서는 책과 장미의 축제가 동시에 열리고, 영국에서는 이날을 전후해 한 달간 부모들이 취침 전 자녀들에게 20분간 책을 읽어주는 '잠자리 독서 캠페인'을 벌인다.

한국에서도 도서·전시판매, 도서와 장미 증정 이벤트, 작가초청 북콘서트, 저자 강연회 등 다양한 행사를 진행하고 있다.

'책을 읽지 않는 국민과 나라는 희망도 미래도 없다.'고 하는데, 우리나라는 갈수록 책과 멀어지고 있다. 통계청에 따르면 2015년 우리 국민의 연평균 독서율은 65.3%에 불과했고, 3명 중 1명은 1년에 책을 단 한 권도 읽지 않으며, 하루 평균 책 읽는 시간도 6분이라고 한다.

어릴 때부터 책 읽는 습관을 들이는 것이 중요함에도 불구하고 우리 청소년들은 하루 평균 2~3시간을 스마트폰과 인터넷 서핑 등에 쓰며 38.5%가 학업 외에는 단 한 권의 책도 읽지 않는 것으로 나타났다.

심지어 학교에서는 책 읽기를 본받기는커녕 책 읽는 학생을 왕따시키는 '책따' 현상까지 있을 정도로 심각하다.

세계에서 제일 부자인 빌 게이츠 마이크로소프트 기술고문은 "오늘의 나를 있게 한 것은 도서관이었고 하버드 졸업장보다 소중한 것이 독서하는 습관"이라고 말했다.

『책 읽는 뇌』의 저자 매리언 울프 미국 터프츠대 교수는 "책을 안 읽으면 국민도 나라도 퇴보한다."고 단언했다.

실제로 경제협력개발기구(OECD) 조사에서 독서율은 각국 소득이나 경쟁력과 정확히 비례했다. '독서 강국'인 스웨덴(독서율 85.7%), 덴마크(84.9%), 영국·미국·독일(81.1%) 등이 세계경제포럼(WEF) 글로벌 경쟁력 순위에서 최상위권을 차지한 것이 그 사실을 증명하고 하고 있다.

우리나라의 종이책 1권 값은 평균 12,000~15,000원으로 이웃나라인 일본의 평균 50,000원과 비교해 보면 너무 싸다고 할 수 있다. 그러나 종이책 대비 전자책 가격 수준이 영국이나 미국보다 높다고 한다.

사단법인 소비자공익네트워크에 따르면 국내에서는 56.1%~67.8%지만 해외에서는 영국의 아마존 킨들, 구글 플레이, WHSmith 등에서는 57.0%~73.9%, 미국의 아마존 킨들 스토어, 반스 앤드 노블 등은

43.0%~54.1%로 꽤 차이가 났다.

이처럼 책값은 오르지 않고 독자는 늘어나지 않는 반면 저자는 늘어난다고 한다. 그만큼 경쟁이 치열해진다는 결론이 나온다.

이런 상황이다 보니 출판사가 출간을 결정할 때는 여러 요소들을 고려한다. 출간 방향, 분야, 시장성, 원고의 가능성 등을 특히 중점적으로 고려한다. 또한 객관적인 결정보다는 개별성과 정체성에 의해 결정된다. 때문에 출판사마다 각각의 특성이 있어 저자는 여러 출판사를 분석해야 한다.

만화가 강풀은 200여 개 출판사에서 원고를 거절당하고 웹툰을 그렸다. 『화』의 틱낫한 스님도 여러 출판사로 떠돌았지만 출간까지 고된 과정을 겪었다.

김태광 작가는 첫 책 『마음이 담긴 몽당연필』을 출간하기까지 3년 반 동안 무려 400회나 출판사로부터 퇴짜를 맞았다. 거절 횟수가 200회가 넘어가자 죽고 싶다는 생각이 들 만큼 좌절하고 절망했다고 한다.

출판 역사상 최대의 화제작인 『해리 포터』의 작가 조앤 롤링은 과거 공상을 좋아하던 무일푼의 이혼녀였다. 그녀가 쓴 원고는 처음 그녀가 투고한 12개의 출판사로부터 거절을 당했다. 그러나 그녀는 노력을 멈추지 않고 투고를 계속했고 그 결과 『해리포터』 시리즈만으로 전 세계에 2억 7천만 부 이상의 책을 판 베스트셀러 작가가 되었다.

『마음을 열어주는 101가지 이야기』는 우리나라에서만 300만 부 이상이 팔린 책이지만 투고할 당시에는 144곳의 출판사로부터 거절을 당한 책이다. 145번째 출판사와 만나고 나서야 책으로 출간된 베스트셀러로 작가인 잭 캔필드의 끈기와 집념으로 탄생했다.

소설『뿌리』를 쓴 알렉스 헤일리,『폰더 씨의 위대한 하루』의 앤디 앤드루스,『영혼을 위한 닭고기 수프』의 잭 캔필드와 마크 빅터 한센,『로빈슨 크루소』의 다니엘 데포 등 대부분의 베스트셀러 작가들은 출판사로부터 수백 번의 거절 편지 및 퇴짜를 극복하였기에 전 세계 독자들에게 사랑받는 작품을 탄생시킬 수 있었다.

일반적으로 초보 저자들은 전문 분야를 가진 대형 출판사들을 통해서 책을 내고 싶어한다. 경제경영서는 북21에서, 시집은 문학과 지성사, 김영사, 웅진 씽크빅에서 내고 싶어 한다.

어떤 출판사에서 책을 내느냐가 자신의 책의 수준을 결정한다고 생각하며 대형이고 전통 있는 출판사일수록 홍보나 마케팅을 더 해줄 것이라는 기대와 믿음을 가지고 있다.

이 기대치는 출판사의 브랜드 파워와 직접적으로 연결된다. 그러나 저자가 원하는 대형 출판사에서의 출간은 쉽지 않기에 보통 작은 출판사로 가거나 자비출판을 한다.

내 원고가 아무리 좋은 작품이라도 그 원고가 출간될 수 있는 출판사는 오직 한 곳이다. 수십 곳의 출판사와 접촉을 하는 것만이 중요한 게 아니다. 내 원고와 맞는 출판사를 선택하는 것도 작가의 권한이다.

원고를 투고(출판사 주소는 오프라인 매장의 책에서 찾는다)할 때 한꺼번에 여러 곳의 출판사에 보내는 것은 지양하고, 2~3곳의 출판사에 투고한 후 2주일가량 기다린 후 답이 없으면 원고내용을 수정해서 다른 출판사에 투고해야 한다.

당신 또한 다른 작가와 마찬가지로 출판사로부터 수십 또는 수백 번의 거절을 당하는 과정을 겪을 것이다. 하지만 거절을 당하더라도 절대 실망하거나 좌절하지 마라. 당신의 원고 콘셉트와 투고한 출판사의 콘셉트가 다르거나 출판시기에 대한 코드가 다르다는 것으로 알아야 한다.

수백 번의 거절로 다져진 당신의 작품이야말로 당신을 꿈과 희망의 길로 안내해 줄 소중한 유산이 될 것이라는 생각과 자신감이 거듭됨으로써 당신의 삶에 변화를 가져다준다는 것을 명심한 채 유태인의 지혜서인 탈무드에 나온 우유 통 속에 빠진 세 마리 개구리 이야기를 돌이켜 보자.

세 마리의 개구리가 폴짝폴짝 뛰어다니다가 어느 날 실수로 커다란 우유 통에 빠졌다.

첫 번째 개구리는 나는 이제 꼼짝없이 죽게 되었고 이것은 어쩔 수 없는 운명이라며 헤엄치는 것을 중단하고 죽어갔다.
두 번째 개구리는 눈물을 흘리면서 도대체 신은 내가 무슨 잘못을 했다고 우유 통 속에 빠져 죽게 하신단 말인가 하며 신을 원망하면서 살아보려고 하지도 않고 우유 속에 빠져 죽어갔다.
그러나 세 번째 개구리는 죽을 때 죽더라도 절망하지 않고 끝까지 살아야 한다면서 열심히 헤엄을 치다가 우유가 굳어서 버터가 된 곳을 딛고 우유 통 밖으로 나올 수 있었다.

주나라에서 송나라에 이르는 긴 시간동안 적힌 한시와 문장들을 수집한 고문진보에는 '가난한 자는 책으로 말미암아 부자가 되고 부자는 책으로 말미암아 존귀해진다.'라는 말이 있다. 이처럼 책의 중요성은 이미 중국의 옛 왕조 시대부터 전해지고 있는 진실이다.

이 세상의 모든 일은 항상 각종 장애물과 어려움이 존재한다. 이 장애물에 절망하지 않고 끝까지 노력한다면, 당신의 저서가 쌓일수록 당신의 인생자본도 늘어난다.

꿈을 성취하기 위해 당신에게
아낌없이 투자하라

성공한 사람은 과거의 성취보다 다소 높게,
그러나 과하지 않게 다음 목표를 세운다.

— 로크 —

　대부분의 사람들이 어릴 때는 꿈이 많고 커가면서 그 꿈이 변화하나 성인이 되면 더 이상 꿈을 꾸지 않는다고 한다. 그래서일까. 노가다(인부: A Construction Worker; A Navvy)의 최대 소원은 노가다 십장(공사장 감독: The Boss of a Construction Crew[Gang])이 되는 것이라고 한다.

　우리는 종종 주위 어린 친구들이나 청년들에게 묻곤 한다. "너는 커서 뭐가 될 것이냐?" 또는 "너의 꿈이 뭐냐?"라고.

　보통은 이런 질문에 형식적인 대답을 하는 경우가 많다. 그러나 요즘 청년세대에게는 적지 않은 고민을 하게끔 하는 현실적인 물음이다.

　많은 꿈을 이루었고 현재도 세계적인 다양한 꿈을 실현시키고 있는 버진 그룹(Virgin Group)의 회장이자 영국의 기업가 리처드 브랜슨 경(영어 Richard Branson, 1950. 7. 18~).

　미국의 시사주간지 타임지에서는 "리처드 브랜슨은 이미지의 마법사이며, 버진 그룹은 롤스로이스 이후 영국이 낳은 최고의 브랜드다."라고 평했다. 우리도 그를 살펴보면서 우리의 모습을 돌이켜 보자.

대법관 할아버지와 변호사 아버지 집안 출신으로 사립학교에 진학
하였으나 적응을 못하였고 난독증으로 고교를 중퇴할 때 교장은 그
의 엉뚱한 행동과 발상을 걱정한 나머지 "넌 교도소에 가거나 백만
장자가 되거나 둘 중 하나일 것"이라고 말하는 등 주변 사람들은 그
이 미래를 우려했다.

그러나 어머니(이브)는 "언제나 네가 좋아하고 가장 잘할 수 있는 일
을 하라"며 아들을 격려하고 물심양면으로 지원 사업 초기(1970년대
초)에 골치 아픈 법적 문제에 얽혀 자금난으로 고전할 때 가족의 저
택을 저당 잡혀 빌린 돈으로 아들의 벌금도 대신 내주는 등의 가르
침이 브랜슨의 경영철학을 지탱하는 버팀목이 됐다.

어릴 때부터 과감한 도전정신, 재미와 즐거움을 위해서라면 뭐든
하는 사업적인 감각이 뛰어나 16세 때 '스튜던트'라는 잡지를 만들
어 잡지에 실은 인기 음반 광고가 대성공을 거뒀으며 1971년 런
던 옥스퍼드 거리에 우편주문 전용 음반 판매회사 '버진(일하는 사람
이 모두 초보자) 레코드'를 세워 소규모 우편주문 사업으로 시작, 40
년 만에 버진애틀랜틱, 버진블루, 버진레코드, 버진모바일, 버진콜
라 등 항공, 통신, 호텔, 레저, 금융 400개 계열사 그룹으로 성장시
킨 그는 '괴짜 경영자'로 '요트와 열기구로 대서양을 횡단하고, 나체
나 여장으로 할리우드 스타 못지않은 유명 브랜드'로 만드는 등 사
업 홍보를 위한 치밀한 전략가이며 창조경제 인물로 벤치마킹 할 모

델로 손꼽히고 있다.

내 꿈을 이루기 위해서는 나의 브랜드 가치를 높여야 한다.

세계적인 기업 중에 어느 기업이 브랜드 가치가 높은가? 바로 스티브 잡스가 설립한 애플이다. 2016년 세계최대의 글로벌 컨설팅그룹인 인터브랜드가 발표한 세계 100대 브랜드에는 1위인 애플뿐만 아니라 우리나라 기업인 삼성(7위), 현대자동차(35위)와 기아자동차(69위)도 포함되어 있다.

브랜드 가치(brand value)는 브랜드가 가지고 있는 무형의 자산으로, 시중에 상표를 팔 때 받을 수 있는 추정가치인데 브랜드의 지명도만으로 현재 또는 미래에 거둘 수 있는 이익을 금액으로 환산한 것이다.

하지만 현재 브랜드 가치를 평가하는 방법 중 전 세계에서 공통적으로 통용되는 것은 없다. 이중 가장 대표적인 것이 국제브랜드평가 전문회사 '인터브랜드'의 브랜드 가치 평가다.

인터브랜드사에서는 매년 5대륙에 상주하는 직원들이 추천하는 1천 2백 개 기업 리스트 중 5백 개의 업체를 선정, 브랜드 상품이 산출하는 수익을 계산한다.

이익은 지난 3년 동안의 평균치를, 금리는 브랜드 이익에서 공제시킨다. 광고비는 브랜드의 매출이 증가하면 공제하지 않지만 감소하면 광고비를 손실로 보고 이익에서 뺀다.

그 결과를 시장점유율, 소비자의 브랜드 인지도, 가격 결정능력, 매출과 순익추이, 광고규모 및 법적 보호여부 등 7개 항목을 기준으로 산출해 브랜드 가치를 평가하여 지수화한다.

이렇게 평가된 브랜드 가치는, 우리말로 하면 '이름 값'이라고 할 수 있다. 이 가치가 높은 개인이나 기업은 경쟁관계에서 우위를 점하게 된다.

대표적인 개인으로는 공병호, 안철수, 김연아, 김태희, 장동건, 김태광, 워런 버핏, 빌 게이츠, 스티브 잡스, 마윈 등을 꼽을 수 있고, 기업으로는 애플, 구글, 코카콜라, 마이크로소프트, 도요타, IBM, 삼성, 아마존, 벤츠, GE, 샤넬 등을 들 수 있다.

2008년 우리나라에서 광우병 파동으로 미국산 수입소고기 반대 운동의 열기가 전국적으로 대단했던 것을 우리는 기억하고 있다.

그때 광우병 미국산 소고기 수입 반대 시위에 앞장섰던 연예인 김미화가 서울에 수입 소고기식당을 차리자 네티즌들의 비난 댓글이 하루에 600개 이상 달렸다. 또한 김미화의 두 딸이 어릴 때부터 미국에서 유학 중이라는 문구 등이 온라인상에 도배되어 그녀의 개인 브랜드 가치가 영향을 받았다.

"'링크드인(Linkedin : 미국의 비즈니스 중심의 소셜 네트워크 서비스로 2016. 6. 13. 262억 달러(31조원)에 마이크로소프트에 인수됨)'이 거실에서 시작됐다면, '버진 그룹(Virgin Group)'은 다락방에서 시작됐다."는 말이 있을 정도로 힘든 여건에서 사업을 시작한 버진 그룹의 회장 리처드 브랜슨(Richard Branson)이 비즈니스를 시작하는 창업가들에게 강조한 다섯 가지 팁을 소개한다.

첫 번째. 남의 말을 잘 들어주는 사람이 되자.

두 번째. 간단함을 선호하자.

세 번째. 일에 대한 자부심을 갖자.

네 번째. 성공하고 싶으면 즐기자.

다섯 번째. 홀홀 털고 다시 출발할 줄 알자.

세계적인 리더쉽 코치 롤리 다스칼은 '인생이란 자신을 찾는 것이 아니라 자신을 만드는 것이다.'라며 진정으로 나 자신을 아끼고 사랑하라고 강조했다.

내 꿈을 성취하기 위해 자신에게 아낌없이 투자한다. 그 중 책 쓰기는 필수과정이다. 내 이름으로 된 내 책을 써서 나의 브랜드 가치를 높이면 꿈에 한 발자국 더 다가갈 수 있는 기회가 당신에게 주어질 것이다.

이 책을 보는 순간
당신은 이미 작가다

가능한 한 자주 글을 써라. 그게 출판될 거라는 생각으로가 아니라,
악기 연주를 배운다는 생각으로.

—— J.B. 프리슬리 ——

무슨 일이든지 시작하기가 어려워 망설이다가 아까운 시간만 허비하는 경우가 빈번하다.

아리스토텔레스가 말했듯, '시작이 반이다.'

일단 무슨 일이든지 시작하면 반쯤은 이루어 놓은 것이나 다름없다는 뜻이다. 원하는 것을 이루기 위해서는 이미 이루어진 것처럼 생각하고 행동하면 된다. 그러면 반드시 이루어진다는 것을 우리는 이미 알고 있다.

평소 책 한 권을 한 번에 다 읽지 못하는 내가 오래 전 베스트셀러인 『시크릿』을 한 번에 다 읽은 뒤 가슴이 설레고 떨렸던 기억이 지금도 생생하다.

또한 십 년 전 오프라 윈프리의 쇼에 나온 『시크릿』의 저자가 출연한 동영상은 '생각이 가져다주는 느낌이 중요하다.'는 것을 다시 한 번 깨닫는 계기가 되었다.

진정으로 내 마음에서 우러나오는 글을 써야 한다. 나의 독서 목표는 하루에 한 권을 읽는 것으로, 이것을 생활화하려고 노력하다 보니 어느새 내 서재에는 붙박이 책꽂이, 고정식·이동식 책꽂이에는 물론이고 바닥에도 책이 넘쳐나서 감당하기 곤란한 지경에 이르렀다.

그래서 나의 처는 항상 저 책들 때문에 작은 집으로는 이사를 못하겠다는 행복한 하소연을 한다. 나 역시 저 책들이 나의 인생을 변화시켰으며 나를 여기까지 인도한 것이란 사실을 잊지 않고 항상 마음속으로 감사한다.

어떤 이들은 매월 자기 수입의 3% 이내의 비용을 투자하여 책을 구입하여야 한다고 말을 하지만 나는 수입의 30%를 투자하여 책을 구입했다.

'현재의 익숙함에 빠져 반복된 삶을 살다 보면, 영원히 그 삶을 벗어나지 못하게 된다.'는 명언이 있듯이, 경험과 새로운 책들이 나의 삶에 항상 새로운 변화를 가져다주기 때문이다.

헨리 데이비드 소로는 『월든』에서 자신의 후회 없는 선택과 인생에 대해 다음과 같이 논한다.

나는 인생을 내 뜻대로 살아보고 싶어 숲으로 갔다. 삶의 본질적인 요소들에 정면으로 맞닥뜨린 채, 삶이 주는 가르침을 배울 수 있는지 알아보고 싶었다. 나중에 죽음을 맞이하게 됐을 때 헛되이 살지는 않았다고 생각하고 싶었다.

나의 뜻대로 인생을 살기 위해 길을 떠난 사람들은 생각보다 그리 많지 않다. 대부분의 사람들은 눈에 보이지 않는다고 해서 길이 없는 것은 아니며, 길이 없다고 해서 길이 아닌 것은 아님을 잘 알지 못한다. 언제나 눈에 잘 보이는 길만 걷는 인생을 살아왔기 때문이다.

눈에 보이는 길은 쉬운 길이다. 어떻게 그 길을 가야 하는지 물을 수도 있고, 경험자의 도움을 받을 수도 있기에 마음이 매우 편하다. 남들이 이미 닦아 놓은 길이라 별다른 큰 사고도 없고, 남들과 같은 길을 가고 있기 때문에 눈치를 볼 필요도 없어서 마음 편한 일이다.

그러나 본인이 개척한 길을 가는 것과 이미 만들어진 길을 가는 것은 의미가 완전히 다르다. 자신이 생각한 방향과 목표를 향한 길을 만들어가는 과정 속에는 항상 위험과 두려움이 늘 존재한다.

조언을 구하기도 쉽지 않고, 가는 도중에 어떤 난관을 만날지도 알지 못한다. 또한 새로운 문제가 생기면 혼자 고민하고 혼자 해결해야 한다. 게다가 남들과 다른 새로운 길을 간다는 주변의 부정적인 말까지도 감내해야 한다.

이렇듯 내가 가려는 길이 고통스럽고 힘들다는 것은 본인이 누구보다 잘 알고 있으며, 다른 사람들은 이미 걸어온 길을 가라고 끊임없이 유혹하는 것이 현실이다.

그러나 스스로 자신만의 길을 만들어간다는 것은 삶에 있어 무엇보다 매력적인 일이다.

내가 수료한 데일 카네기연구소의 최고경영자과정을 수료하신 CEO

중에는 어렵고 힘든 여건을 극복하고 훌륭한 기업인으로, 오너로 성공하신 분들이 많이 있다. 나도 초기에는 그분들을 만날 때마다 나 자신과 비교하면서 시기와 질투가 나 마음이 많이 불편했다.

그러나 어느 날 내가 접한 수많은 도서들 론다 번의 『시크릿1, 2』, 데일 카네기의 『카네기 인관관계론』, 『카네기 스트레스 매니지먼트』, 나폴레온 힐의 『나폴레온 힐 성공의 법칙』, 『습관이 답이다』, 『생각하라! 그러면 부자가 되리라』, 에스터 & 제리 힉스의 『유인력 끌어당김의 법칙』, 유영만의 『생각지도 못한 생각지도』, 『체인지』, 『니체는 나체다』, 『버킷리스트』, 브렌슨 버처드의 『메신저가 되라』, 신동운의 『다빈치가 그린 생각의 연금술』, 조관일의 『멋지게 한 말씀』, 김태광의 『지혜의 소금창고』, 『돌멩이가 있는 이유』, 이지성의 『꿈꾸는 다락방 1, 2』 등이 그런 삶에 변화를 주고 그들에게 더욱 가깝게 가도록 했다.

성공한 사람들을 남들이 보면 어느 날 갑자기 그 사람에게 행운이 찾아왔다고 보일 수 있다. 하지만 성공한 사람을 깊이 들여다보면 그 성공을 하기까지 기나긴 시간동안 남다른 아픔을 겪고 수많은 노력이 있었다는 것을 알 수 있다. 물론 노력한다고 해서 반드시 성공한다는 보장은 없다.

그럴 때 우리는 깊은 좌절과 실의에 빠질 수 있다. 그러나 그런 식으로 실의에 빠지는 것은 크고 위대한 것이 사람들의 눈에 쉽게 띄지 않는 것처럼 사람들이 자신이 아는 것만 인식하기 때문이다.

어느 정도 시간이 흘러 위대한 것이 충분히 두드러져 보이기 시작할 때에야 비로소 그 실패로부터 새로운 것을 느끼고 그것에 감동한다.

사람들은 자신이 가지고 있는 것이 커도 남의 것이 더 크다는 생각을 한다. 그래서인지 '남의 떡이 더 커 보인다.'라는 말도 있다. 자신의 것을 남과 비교하다 보면 자신의 것은 하찮게 여기거나 당연히 가져야 하는 것으로 생각하게 되어 남의 것이 커 보이는 것이다.

내가 예전에 서울 강남과 경기도 성남시 분당에 교육을 받기 위해 반 년 이상을 주말마다 다닌 적이 있었다. 그때 젊은 여성들을 보면서 깜짝 놀랐다.

모두 자매 같이 닮았기 때문이다.

인사를 하고 나서 잠시 후에 '아! 저 여성분에게 내가 인사를 했나?' 하고 혼선이 와서 몇 주 동안 고전을 하다가 하나의 방법을 찾았다. '인사를 했든 안 했든 간에 볼 때마다 인사를 하자!'라는 방법을 선택하고 실행했다.

그렇게 어느 정도 시간이 지난 후 그분들과 친해져서 자세히 관찰한 결과 두 사람이 닮은 이유를 찾아냈다. 요즘 유행하는 용어로 표현하자면, 공장이 같다는 것이다.

즉 성형수술을 했는데, 이름난 성형외과에서 같은 의사에게 수술을 받았기에 코 모양 등이 비슷해져서 자매 같이 보였던 것이다. 그러나 그들에게서는 자연미를 찾아볼 수가 없었다. 덕분에 '인조인간시대'에 살고 있다는 것을 간접적으로 실감했다.

같은 양의 물이 컵에 담겨있어도 남의 컵에 담긴 물이 더 많아 보인다고 한다. 타인과의 비교에서 오는 불행으로 인해 행복한 삶을 잃는 경우가 있듯이, 그 여성들의 예전 사진을 보면 지금보다 개성이 뚜렷한 그때의 모습이 없어졌다는 사실에 아쉬움이 남는다.

이 세상은 내 눈 앞에 보이는 것이 전부가 아니다. 보이는 것은 보이지 않는 것의 아주 작은 일부분일 뿐이다.

눈에 보이는 삶에만 충실하면 이 세상은 너무 평범하고 따분할 것이다. 보이지 않는 곳에 눈을 돌려야 나에게 새로운 삶을 선물할 수 있다. 나는 업무를 하거나 삶을 살아가면서 힘든 역경이 있을 때마다 이렇게 외친다.

"내가 아무리 힘들어도 저 답답한 감옥에 갇혀 젊음을 삭히고 있는 사람들도 있다. 나는 그들보다 얼마나 자유롭고 행복한가!"라고.

박사학위를 받고도 직장이 없어 고급 백수로 하루하루를 신세 한탄하는 사람, 박사학위를 가지고도 환경 때문에 풀빵 장사를 시작하는 사람, 대기업에서 잘나가다 명예퇴직을 한 사람, 자신의 체면 때문에 그저 그렇게 지내거나 경비원으로서의 삶을 시작하는 사람도 있다.

그들이 보이는 삶보다 보이지 않는 삶으로 눈을 돌렸다면 지금보다 더 여건이 좋은 다른 삶으로 갈 수 있었을 것이라 생각한다.

이 세상은 내 눈 앞에 보이는 것이 전부가 아니다. 보이는 것은 보이지 않는 것의 아주 작은 일부분이다. 내 눈에 보이는 삶에만 충실하면 이 세상은 너무 평범하고 따분할 것이다. 보이지 않는 곳에 눈을 돌려야 나에게 새로운 삶을 선물할 수 있다.

대부분의 젊은 사람들은 인생이 영원할 것이라는 착각에 시간을 낭비한다. 나도 20대에는 주름살과 흰머리가 생기지 않고 평생 늙지 않을 거라 착각했다는 것을 지금에 와서야 실감한다.

나이가 많은 사람은 은퇴한 뒤 할 일을 준비하지 않아 마냥 시간을 보내며 인생을 낭비한다. 한편 평생 회사에 다닐 것 같았던 중년들은 구조조정이라는 회사의 지침에 벼랑 끝으로 내몰리고 있다.

다른 사람들은 '인생은 마흔부터'라고 말하지만, 나는 '인생은 오십부터'라고 말하고 싶다. 나는 나이 오십에 경찰교육원 교수요원이 되었다.

'호랑이는 죽어서 가죽을 남기고 사람은 죽어서 이름을 남긴다.'고 하였다. 요즘은 비석도 없는 세상이라 나는 내 이름을 남기기 위해 이미 다른 작가들과 『되고 싶고, 하고 싶고, 갖고 싶은 36가지』를 함께 펴내며 내 이름을 올렸다.

또한 지금 이 시간에도 끼니를 거르고 피곤한 몸을 달래가면서 내 이름 석 자를 알리기 위해 이 글을 열심히 쓰고 있다.

세상에는 두 종류의 사람들이 있다. 건강한 육체를 가지고 있음에도 도전하기를 두려워하는 소극적인 사람과 장애를 가지고 있지만 도전을 두려워하지 않는 적극적인 사람이다.

아무리 육체가 건강해도 도전정신이 없다면 마음의 장애를 가진 사람이다. 그와 반대로 몸은 조금 불편해도 꿈과 열정을 가지고 쉬지 않고 달려가는 사람은 행복한 사람이다.

같은 세상을 살고 있지만 지금 당신은 성공의 목표를 반드시 이룰 수 있다. 태어날 때부터 장애를 갖고 태어나 장애를 딛고 일어난 닉 부이치치는 "절대 포기하지 마라. 내가 할 수 있으면 여러분도 할 수 있다."라고 말했다.

당신도, 나도, 모두 못할 것이 없다.

최근 보통 사람들을 스타로 데뷔시키는 프로가 전 세계적으로 유행하고 있다.

영국의 노래 경연대회 〈브리튼스 갓 탤런트〉의 예선 무대에 뱃살이 늘어지고 낡은 양복 차림을 한 남자가 부자연스럽게 경직된 표정으로 섰다.

그는 무대 위에서 오페라를 부르겠다고 했지만 심사위원 3인은 그에게 관심과 기대를 갖지 않았다.

잠시 후 이 남자는 푸치니의 오페라 〈투란도트〉에 등장하는 아리아 '공주는 잠 못 이루고(Nessun dorma)'를 부르기 시작했다. 그 순간 그에게 아무런 기대를 갖지 않았던 심사위원들의 표정이 변했다.

이 노래 마지막 하이라이트 부분에서 남자가 안정적인 바이브레이션 창법으로 고음을 내뿜자, 모든 관객들이 일제히 기립박수를 쳤다.

그가 바로 휴대전화 외판원에서 전 세계를 투어 하는 가수로 도약한 '폴 포츠'다. 그 후 여가수 '수잔 보일'이 탄생했고 우리나라에서는 슈퍼스타K를 통해 '허각'이 이와 같은 과정으로 가수가 되었다.

그는 당시 우승 소감으로 "내가 좋아하는 노래를 불러 다른 사람들에게 도움을 줄 수 있게 되었다. 기적이 일어났고 지금 정말 행복하다." 라고 말하였다.

그는 학창시절 가난한 집안과 못생긴 모습으로 왕따를 당했고, 옷을 살 돈이 없어 유니폼을 입고 다녀 놀림감이 되었다. 너무 힘들어 최악의 생각까지 한 경험이 있지만 그에게는 좋아하는 노래가 있었기에 어려운 여건을 극복해냈다.

그는 꿈을 향해 항상 끊임없이 노력을 게을리 하지 않은 결과로 본인이 좋아하는 노래로 행복한 인생을 살고 있다.

자신의 꿈을 향해 가는 길에는 반드시 나의 책을 쓰는 과정이 필요하다. 그를 위해서는 먼저 자신에게 세 가지 질문을 해보자.

첫째로 나의 강점과 약점이 무엇인지, 둘째로 내가 그동안 살아오면서 제일 많이 접한 일이 무엇인지, 셋째로 앞으로의 계획은 어떻게 되고 어떤 길을 갈 것인지.

이를 냉철하게 분석한 결과는 나의 책이 가야할 장르, 책의 제목, 주제, 콘셉트를 잡는데 중요한 키가 된다.

작가로 태어나는 사람은 없다. 다만, 후천적인 노력으로 작가로 거듭날 뿐이다. 그러나 단순히 갈고 닦는 노력을 한다고 해서 좋은 작가가 되진 못한다.

『인간희극』, 『엠마』, 『삶과 사랑: 로렌스 수필선』, 『아이리스』, 『1984』 등의 작품을 쓴 20세기 영국을 대표하는 작가 조지 오웰은 작가에게 필요한 덕목이 무엇인지 보여주었다.

부조리와 타협하지 않고, 지위가 낮고 소외받는 자의 편에서 그들의 이야기를 전하는 용기와 소신은 오늘날 작가들에게 의미하는 바가 크다.

'펜은 칼보다 강하다'는 치열한 글쓰기와 그의 살아있는 필력이 오늘까지도 독자들이 그를 기억하고 그의 책을 찾는 이유일 것이다.

스코틀랜드 출신의 낭만파 시인이자 작가인 로버트 번스(robert burns)가 "누구도 좋은 책을 읽으면 자살하지 않는다. 하지만 좋은 책을 쓰면서 많은 이들이 자살했다."라고 말했듯이 작가의 책은 타인의 삶에 많은 영향을 주나, 그 책을 쓰는 작가는 언어의 연금술사로서 작품을 쓰는 와중 계속되는 고독과 가슴앓이를 해야 한다. 그러나 이 책을 보는 순간, 당신은 작가의 길을 갈 것이다.

급변하는 대한민국에서
살아남기

살아남기 위해선 자신의 증식과 진화를 반복해야 한다.
— 손정의 —

세계정세는 하루가 다르게 변하고 있다. 국제정세의 변화로 인해 국내정세 또한 급변하고 있다. 이처럼 우리는 살아남으려면 변화에 빠르게 적응해야하는 세상에 살고 있다. 그 변화에 빠르게 적응하지 못하면 도태되고 낙오자의 길을 가야하는 불상사가 발생한다.

인간의 삶은 한 번. 즉 재방송이 없는 생방송이다. 재방송처럼 '리셋 버튼이 있어 다시 사는 기회가 주어진다면 얼마나 좋을까?'라는 생각은 인간들의 공통된 희망 사항이다.

이렇듯 급변하는 세상에 적응하기 위해서인지 살아남기 시리즈들이 유행하고 있다. 그 종류의 다양함에 다시 한 번 놀라고 '그만큼 세상살이가 힘든 것이 아닌가?'라는 생각이 든다.

회사에서 살아남기를 시작으로 백수로, 재수생에서, 자취생으로, 아파트에서, 커플로, 방사능에서, 무인도에서, 화산에서, 초원에서, 바다에서, 호수에서, 동굴에서, 산에서, 들판에서, 정글에서, 시베리아에서,

히말리야에서, 태풍에서, 습도에서, 지진에서, 남극에서, 우주에서, 화성에서, 아마존에서 살아남기 등 살아남기 전성시대라고 감히 말할 수 있다.

도로가에 서 있는 아름다운 가로수도 가까이에서 자세히 보면 온몸이 흉터다. 자신의 피부를 스스로 찢지 않으면 살 수 없다는 자연의 이치를 그 나무는 알고 있다.

반대로 오래 전 사용된 나무 전신주는 상처 없이 그대로 서 있지만 세월이 지나면 그 전신주는 밑 부분부터 썩어 넘어지게 된다. 이것이 살아남기 위한 자연의 순리이다.

디즈니 애니메이션 「라이언 킹」에 나오는 대사 중 내 심금을 울리는 구절이 있다.

"심바! 너는 네가 누구인지를 잊었다. 너의 내면을 살펴보아라. 너는 지금 현재 이상의 존재다."

이 대사를 기억하는가? 자유를 즐기며 성인으로서의 책임을 회피하는 젊은 아들 심바에게 죽은 아버지 무파사의 환영이 나타나 동물의 왕국인 프라이드 랜드 국왕으로서의 정당한 지위를 되찾을 것을 촉구하면서 한 말이다.

결국 아버지의 말을 가슴 깊이 새긴 심바는 생사를 넘나드는 우여곡

절 끝에 국왕 자리를 되찾았다.

요즘 세계적으로 크나큰 관심인물인 알리바바 그룹 마윈 회장은 이 세상에는 두 가지 부류가 있다고 하며 "주인공과 구경꾼. 보는 자와 하는 자. 아무것도 하지 않고 평생 구경만 하는 것도 결국 그대의 선택일 뿐 누구의 탓도 아닙니다. 당신이 35세가 될 때까지 아무것도 이루지 못하였더라도 그건 당신이 아는 그 누구의 탓도 아닙니다."라고 말했다.

합리적인 사람은 세상에 자신을 맞추려고 노력하지만 비합리적인 사람은 세상을 자기에게 맞추려고 노력한다.

결과만 말하면, 지금까지 인류에게 발전을 가져다준 것은 모두 비합리적인 사람들의 몫이었다.

인간은 주위 환경에 따라 변할 수 있다. 훌륭한 사람과 가까이하면 그를 본받아 자신도 훌륭한 사람이 되지만 행실이 못된 사람과 어울리면 자신도 모르는 사이에 행실이 옳지 못한 인간이 되어 있다는 것이다.

이를 대표하는 예가 바로 중국 전국시대의 맹모삼천지교(孟母三遷之敎)로, 인간의 성선설(性善說)을 주장한 유학자 맹자의 어머니가 맹자의 교육을 위해 집을 세 번 옮겼다는 고사성어이다. 사람의 성질도 환경에 따라 변할 수 있다는 뜻을 담은 비슷한 말로는 '귤이 변해 탱자가 되었다'는 뜻의 '귤화위지(橘化爲枳)'가 있는데 이 역시 자주 인용된다.

우리가 원하는 목표는 서로 다르다. 또한 그곳에 도달하기 위해서는 각자 사는 방법이 다를 수밖에 없다. 결국 모든 이들이 자신의 분야에서 부딪히게 되거나 맞닥뜨릴 수밖에 없는 상황에서도 흔들림 없는 삶을 살아야 목표를 향해 갈 수 있다.

성공에도 단계가 있다고 성공하신 분들은 이야기를 통해 많은 조언을 하고 있다. 나는 책을 읽으면서 많은 생각들을 하게 되었다.

자기계발서를 수십 권 읽었다 하더라도 실천하거나 도전하려 하지 않고 책장을 덮는 것으로 끝나면 기억에 남아있는 것은 없다. 책에서는 많은 이야기들과 교훈을 전해주며 최종적으론 실천을 강조한다.

세계적인 성공학 연구자인 나폴레온 힐(Napoleon Hill)은 자신의 저서를 통해 유명한 작가이자 대중연설가인 친구가 매일 밤 잠들기 전에 상상으로 위대한 인물들과 대화하는 것을 통해 뛰어난 성품을 갖출 수 있었다고 말했다.

그 친구는 상상 속의 테이블을 만들어 맞은 편에 링컨을 앉히고 양 옆으로 나폴레옹과 워싱턴, 에머슨, 엘버트 하버드를 앉혀 놓았다. 그리고 한 사람 한 사람 차례대로 그들에게 다음과 같이 말을 걸었다.

○ 링컨에게: '당신의 가장 뛰어난 성품 중에서 인내심과 전 인류에 대한 공정한 정신, 그리고 유머 감각을 내 안에 심고 싶습니다. 그러한 성품이 꼭 필요하기 때문에 나는 그것을 내 것으로 만들기 전까지 절대로 만족하지 않겠습니다.'

○ 워싱턴에게: '당신의 가장 뛰어난 성품 가운데 특히 나라를 사랑

하는 애국심과 자기 희생정신, 그리고 리더십을 배우고 싶습니다.'

○ 에머슨에게: '자라는 꽃과 나무, 흐르는 시냇물, 어린아이의 얼굴을 통해 자연의 원리와 법칙을 꿰뚫는 당신의 통찰력을 내 것으로 만들고 싶습니다.'

○ 나폴레옹에게: '당신이 가진 뛰어난 성품 중에서 독립심과 용기를 통해 보다 큰 발전을 이루는 강한 의지를 본받고 싶습니다.'

○ 엘버트 하버드에게: '나도 당신처럼 간결하고도 명확한 언어로 나 자신을 표현할 수 있는 능력을 가지고 싶습니다.'

그는 몇 달 동안 상상 속 테이블에서 위대한 인물들과 대화를 나누며 그들이 가진 성품을 비롯해 뛰어난 역량까지 갖출 수 있었다.

나는 '먹을 가까이하는 사람은 검어진다.'는 근묵자흑이라는 고사성어를 항상 기억하려고 노력한다. 나는 사춘기 때 무너진 집안을 원망하면서 나의 환경을 부정적인 시각으로 바라보기만 하며 두 번 다시 돌아오지 않는 그 중요한 시간을 낭비한 것을 지금도 반성하면서 책을 가까이하는 것으로 위로하고 있다.

인생은 산에 비유할 수 있다. 산을 타는 것은 너무 힘이 들지만 다시 내려갈 수 있는 길은 없다. 무조건 올라가야만 하는 길 밖에 없는 것이 인생이란 산이다.

어떤 사람들은 케이블카 타고 느긋하게 올라가고, 어떤 사람들은 유명한 브랜드의 등산복에 등산화 신고 사뿐히 올라가는 것으로만 보인다. 이 세상에서 나만 홀로 고무신을 신고 등에는 무거운 한 짐을 지고 가는 것 같은 생각이 드는 것이 사람들의 공통적인 생각이라고 한다.

삶이란 길을 가다보면 미끄러운 길, 가파른 길, 진흙탕 길, 비포장 길, 포장된 길, 돌밭 길, 낭떠러지, 분지, 계곡, 평지 등 여러 가지 환경을, 비록 시간과 장소는 다를지라도 모두 거쳐가야 한다. 힘은 없고 호흡은 거칠어지며 온몸은 식은땀으로 범벅이 되고 다리는 천근만근이다.

스페인의 작가이자 예수회 신부인 발타자르 그라시안이 "지혜로운 사람은 우둔한 사람이 가장 나중에 하는 일을 즉시 해치운다."라고 말했듯이 급변하는 대한민국에서 살아남기 위해서는 나 자신이 변화의 선두에서 헤쳐나가야 한다.

그래야만 나만의 비전을 이룰 수 있다는 것을 명심하고 책을 써서 성공한 사람들을 벤치마킹하기 위해 그들의 사례를 찾아야 한다.

5장

호랑이는 가죽을, 작가는 내 이름의 책을 남긴다

모든 방법으로
나를 노출시키자

천재는 99%노력과 1%의 재능으로 만들어졌다.
— 아이슈타인 —

    SNS의 발달로 인해 독서량이 많이 줄었다고 걱정하시는 분들이 많이 있다. 직접 책을 찾아보면서 얻는 것이 많은데 쉽게 자료를 구하려는 신세대들의 습관이 만연해지면서 독서량이 떨어지고 있다.

    이런 현상이 가지고 오는 휴유증이 우리나라의 미래에 어떠한 영향을 줄지에 대하여 심각하게 고민해보아야 할 것이다.

    물론 SNS의 장점도 있다. 인맥 확대 및 관계 형성, 지식습득과 정보수집의 기회 제공, 빠른 확산과 강한 영향력 등이 그것이다.

    그러나 개인정보 노출 및 악용, 불분명한 정보의 확산, 관리의 피로함 등의 단점이 있고, 무엇보다 의도적으로 자기자랑에 가까운 내용만을 과장해서 올림으로써 개인 간의 위화감을 조성하여 나만 어려운 일을 하며 힘든 삶을 살고 있다는 부정적인 생각을 하도록 만든다는 문제가 있다.

    1997년 미국에서 처음 등장한 블로그(blog)는 자신의 관심사에 따라 자유롭게 글을 올리는 웹 사이트로, 블로그란 말은 웹(web)과 항해 일지를 뜻하는 로그(log)의 합성어를 줄인 신조어이다.

블로그는 기존의 폐쇄적인 홈페이지보다 개방적이고 정보 공유가 쉬운 1인 매체이다.

포털사이트에서 각 포스팅마다 달린 태그를 수집하고 글을 포스팅하면 검색을 통해 방문자가 생긴다. 또한 방문자가 입력한 검색 키워드와 관련된 포스팅은 정보전달과 효과적인 홍보수단이 된다.

공개되는 포스팅은 입소문과 사용자들의 리뷰 포스팅을 통해 확산되기에 비용이 들지 않고 효과적으로 브랜드 확산과 매출에 기여한다.

최근 배달 앱 분야에서 두각을 나타내고 있는 '배달의 민족' 사례는 우리에게 많은 것을 일깨워 주는 역할을 한다.

'배달의 민족'은 2010년에 출시된 배달 어플리케이션으로 출시 5년 3개월이 지난 2015년 10월 기준 누적다운로드 2000만 건을 달성했다. 2017년도 사용률은 평균적으로 60~70%로 Market share 1위를 고수하고 있다. '배달의 민족' 김봉진 대표는 강연을 통해 본인의 사례를 모두 공유하고 있다.

그가 말하는 '배달의 민족'의 성공요인을 네 가지로 요약하면 다음과 같다.

첫 번째, 기존 시장의 틀을 깨는 돌파구(breakthrough)를 찾아 실행했다.

두 번째, 분명한 브랜드의 독자성(identity)과 일관성 있는 IMC.

세 번째, 뛰어난 광고 전략(옥외광고).

네 번째, 브랜드 비전을 내부 직원과 공유하고 직원과 함께 성장하기.

일본의 작가 케가네히라 케노스케의 『거울은 먼저 웃지 않는다』의 내용 중에 만담가인 우쓰미 케이코 씨의 이야기가 있다. 그녀의 세 번째 아버지는 이발사인데 아버지가 입버릇처럼 하는 말이 재미있다. 바로 "내가 웃으면 거울이 웃는다."였다. 우쓰미 씨는 이 말을 좋아해서 자신의 좌우명으로 삼고 있다고 한다.

책의 저자 역시 자기만의 격언을 가지고 있다고 소개한다. "거울은 먼저 웃지 않는다". 언제 어디서나 먼저 웃음을 보이는 삶을 살고 싶다고 자신을 타이른다는 얘기다.

'조경애 미래경영연구소', '책 쓰기 연구소'의 대표이자 성공학 강사, 자기계발 작가로 활발하게 활동 중인 조경애 작가.

그녀가 '자신의 이름으로 된 책'을 쓰고 의식의 확장을 한 사례는 많은 사람들에게 희망과 용기를 주고 있어 그 사례를 소개한다.

지인의 사기와 배신으로 삶을 비관해 죽을 결심도 하였으나 아무리 힘들어도 성공하겠다는 자신의 꿈마저 포기할 수 없어 멘토가 없는 상황에서 선택한 것은 바로 '책'으로 3년간 '생존독서'와 '생존글쓰기'였다. 이를 실천하여 의식을 확장『관점을 바꾸면 인생이 달라진다』,『진짜 인생공부』,『내 삶을 바꾸는 책 쓰기』를 출간하였다.

'간절하게 꿈을 상상하면 온 우주가 꿈을 이룰 수 있게 도와준다'고 믿으며 버킷리스트를 가지고 다니며 독서를 하고 출간을 실천한 결과 성공학 강사이자 이 시대의 아픈 청춘들에게 진로 코칭과 멘토링을 해주는 라이프 코치로 활동하고 있다.

우리의 삶에서 대부분의 시간을 함께 보내는 사람은 누구일까? 바로 나 자신이다. 이 세상에 태어나서부터 생을 마감하는 순간까지, 우리는 항상 '나'와 마주하며 시간을 보낸다. 그래서 이 세상에서 누구보다 나에게 가장 소중한 사람은 바로 '나' 자신인 것이다.

하지만 그렇게 오랜 시간을 함께 보내는 소중한 자신의 얼굴에 책임을 지지 않는 경우가 많다. 얼굴은 보이는 얼굴과 보이지 않는 얼굴로 크게 나눌 수 있다.

누구나 나를 알아주는 세상에 대해서는 기쁨과 긍정적인 생각을 가지게 된다. 그러나 세상이 나를 알아주지 않으면 세상을 원망하고 부정적인 생각을 갖게 된다고 한다.

내 인생의 매력적인 스토리를 써서 세상에 나를 알려야 세상이 나에게 박수치고 환호한다. 이것은 인간이 갖는 사회적 열망이다.

대부분의 사람들은 이 열망을 가슴에 품고 있다. 세상에 자신을 알리는데 성공한 사람은 자신의 이름으로 세상과 통한다. 그 이름이 곧 브랜드이다.

플라톤의 제자이며, 알렉산더 대왕의 스승인 고대 그리스의 철학자인 아리스토텔레스는 물리학, 형이상학, 시, 생물학, 동물학, 논리학, 수사학, 정치, 윤리학, 도덕 등 다양한 주제로 책을 저술하였던 경험을 바탕으로 "용기를 내라. 고통은 아주 잠시 동안만 정점에 머무른다."라고 후세들에게 말했다.

그 또한 자신을 알리게 위해 그 험난한 역경을 견디었음을 잊지 말고 당신도 '모든 방법으로 나를 노출시켜라.'라는 명제를 실천하는 길을 가야할 의무가 있다.

나는 이 지구상에
유일한 존재이다

"인생은 B(irth)와 D(eath) 사이의 C(hoice)이다."
— 장 폴 사르트르 —

이 지구의 5대양 6대주에 살고 있는 생명체는 150만 종이 넘는다. 그 중 식물이 50만 종이고 동물은 100만 종이 넘는다. 인간은 100만 종의 동물들 중 하나이다.

지금의 인류는 먹이사슬의 최고점에서 지구를 이끌어 가는 존재지만 처음부터 지구를 이끌었던 것은 아니고, 다른 동물들과 마찬가지로 잡아먹고 잡아먹히며 살아남기 위해 노력하던 한 종에 불과한 존재였다.

그러다 인류의 조상격인 호모사피앤스가 도구를 사용하고 소통과 집단생활을 한 결과로 지구상에서 독보적인 존재로 살아가게 됐다. 하지만 칼 세이건의 『코스모스』를 보면 우주가 인간을 위해 존재하지는 않는다는 이야기가 나온다.

나를 포함한 모든 우주 만상은 인연에 따라 그 자리에 존재하고 있다는 것을 깨우치게 되면서 우리가 만나는 모든 존재를 자타불이의 정신으로 돌아보고 내 삶의 자세를 돌아본다.

불교의 연중행사 가운데 가장 큰 명절인 '석가모니가 탄생일'은 음력 4월 8일이다. 대한민국, 마카오, 홍콩, 싱가포르에서는 공휴일로 지정했고, 기념법회·연등놀이·관등놀이·방생·탑돌이 등 각종 기념행사가 중국·일본·인도 등지에서도 행해진다.

석가모니가 이 세상에 와서 중생들에게 광명을 준 날이며 이날을 맞아 가장 많이 회자되는 문장은 '천상천하 유아독존(天上天下唯我獨尊)'이다.

　"천상천하 유아독존. 삼계개고 아당안지."
　하늘 위 하늘 아래 오직 나 홀로 존귀하도다. 삼계가 괴로움에 빠져 있으니 내 마땅히 이를 편안케 하리라.

이것이 부처님이 태어나신 모습을 묘사해 놓은 것이다. 이 넓은 우주 속에서 나는 유일한 존재이며 이 세상에서의 삶도 공평하게 단 한 번 뿐이다. 때문에 의미 있게 살아야 할 의무가 뒤따른다.

인간은 누구나 현재를 살아간다. 미래의 꿈을 이루기 위해 자신의 환경을 탓하지 않고 매일 긍정적으로 살았던 사례를 본다.

미국의 17대 대통령인 앤드류 존슨은 세 살에 아버지를 여의고 몹시 가난하여 학교 문턱에도 가보지 못했다. 하지만 그는 열 살에 양

복점에 들어가 성실하게 일해 돈을 벌었고, 결혼한 후에 읽고 쓰는 법을 배우게 되었다. 이후 정치에 뛰어들어 주지사 상원의원이 되고 16대 대통령 링컨을 보좌하는 부통령이 된다. 링컨 대통령이 암살된 후 대통령 후보에 출마하지만 상대편으로부터 맹렬한 비판을 당한다.

"한 나라를 이끄는 대통령이 초등학교도 나오지 못했다니 말이 됩니까?"

그러자 존슨은 침착하게 대답한다.

"여러분, 저는 지금까지 예수 그리스도가 초등학교를 다녔다는 말을 들어본 적이 없습니다."

지금은 인류 역사상 그 어느 때보다도 성공을 거두는 사람이 많다. 데니스 와틀리는 이렇게 말했다.

"실패란 다음 번 성공으로 가는데 있어 잠시 방향을 바꾼 것뿐이다"

성공하기 위해 인생을 살면서 지켜야 할 5가지 기본 원칙을 살펴본다.

1. 삶은 힘겹다. 언제나 그랬으며 앞으로도 그럴 것이다.
2. 모든 것은 '나'에게 달려 있다.
3. 배우고자 하는 것은 무엇이든 배울 수 있다. 되고자 하는 것은 무엇이든 될 수 있으며 원하는 것은 무엇이든 성취할 수 있다.
4. 삶에는 한계가 거의 없다. 그리고 한계의 대부분은 외부가 아닌 우리의 내부에 존재한다.

🐾 5장 호랑이는 가죽을, 작가는 내 이름의 책을 남긴다

5. 보통 '하늘이 한계다'라고 말한다. 하늘은 한계가 아니다. 하늘은 그 끝을 볼 수 없을 만큼 멀리 있을 뿐이다. 우주는 무한한 것이다. 따라서 한계란 없다.

누구나 자신의 책을 쓰고 싶어 하는 것은 공통된 희망사항이다. 그러나 막상 책을 쓰려면 망설여지는 것이 현실이다.

유명한 운동, 음악, 미술, 심지어는 개인의 삶까지(라이프 코치). 우리 사회 모든 분야에는 '훌륭한 선수' 뒤에 '더 훌륭한 코치'가 있다. 그들에게 꾸준하게 배우고 연습을 하다보면 남보다 먼저 자신의 목표에 도달할 수 있다.

그와 마찬가지로 이 세상의 그 누구에게나 책을 쓸 수 있는 기회는 주어져 있다. 그리고 책 쓰기의 기본기와 책 쓰는 기술을 배우면 계획된 기간 내에 더 쉽게 쓸 수 있다.

나 또한 처음 책을 쓰려고 할 때 막막해서 갈피를 잡지 못했던 경험이 있다. 지금 이 책을 보고 있는 당신도 그런 사람들 가운데 한 사람일 수도 있다. 또는 공저를 하거나 타인의 도움으로 책을 출간하였지만 자신만의 개성이 담긴 더 나은 책을 쓰고자 노력하는 사람일 수도 있다.

내가 책을 쓴 이후에 많은 사람들이 나에게 질문하는 내용 중에 "책을 어떻게 써야 잘 쓰는 것일까?", "책 쓰기는 어디에서 무엇을 배워야 하는 것 일까?"가 있다.

이런 질문에는 다양한 답변을 해줄 수 있지만, 난 가장 먼저 '글쓰기'

와 '책 쓰기'는 엄연히 다르다고 말한다.

만약 글쓰기와 책 쓰기가 같다면 우리나라의 국어 선생님들과 국문학과 출신들은 모두 베스트셀러 작가로 이름을 올려야 한다.

그러나 현실은 전혀 그렇지 않다. 글쓰기는 책을 문법이나 형식, 그리고 글재주만으로도 완성할 수 있지만 책 쓰기는 글쓰기에 더해 고객의 입장에서 독자들이 보고 싶은, 독자를 위한 메시지를 담아야 하고 저자와 독자가 소통되어야 하기 때문이다.

베스트셀러 작가들만의 책 쓰기 노하우 중 내가 활용한 방법 여섯 가지를 소개한다. 이 방법이 당신의 책 쓰기에 날개를 달아주기 기대한다.

첫 번째, 일상생활을 하면서 책 쓰는 시간을 가장 우선순위에 둔다.

두 번째, 목차가 완성되고 사례를 확보하였다면 초고는 2개월 이내에 쓴다.

세 번째, 자비출판처럼 '출간을 위한' 책이 아닌 대중이 원하는 '독자를 위한' 책을 쓴다.

네 번째, 초등학생도 알아볼 수 있을 정도로 쉽게 풀어 쓴다.

다섯 번째, 매일 계획된 시간에 책상에 앉아 한 줄이라도 쓴다.

여섯 번째, 서론이나 첫 문장이 안 써질 때는 결론부터 쓴다.

"당신의 인생을 스스로 설계하지 않으면 다른 사람의 계획에 빠져들 가능성이 크다. 남들이 당신을 위해 계획해 놓은 것? 많지 않다."라고 세계적인 기업철학가인 미국의 짐 론이 말했듯이 나는 이 지구상에 유일한 존재이다. 그런데 이 지구상에 과연 무엇을 남겨야 할지 까마득하다.

요즘은 산소(묘)도 없고 비석도 없어 비문 하나 남길 곳도 없다. 어느 담벼락이나 바닥에 몇 자 적어 놓은들 누가 볼 것이며 세월이 흘러 벽을 허물거나 바닥 공사를 하면 내 기록은 온데 간데 없이 없어질 것이다.

그렇기 때문에 최상의 선택은 바로 이 순간부터 책 쓰기를 하여 나의 이름으로 된 책을 이 세상에 남기는 것이다.

언론사는
당신의 기사를 원한다

눈에 보이는 대로의 삶, 사람, 사물, 문학, 음악에 관심을 가져라.
풍요로운 보물과 아름다운 영혼, 흥미로운 사람들로 넘쳐나는 세상에 가슴이 뛴다.
자신을 잊어라.

— 헨리 밀러 —

치열한 경쟁 속에서 자신만의 정체성을 지키며 살아남기 위한 것, 또는 오늘 이 순간 나의 심장을 뛰게 하는 것은 무엇인가? 우리는 유한한 인생을 살아가면서 매일 희노애락의, 다람쥐 쳇바퀴 같은 시간을 반복한다.

그러한 삶 속에서 모두가 겪는 충격의 강도는 같을 수 없다. 그런 와중에도 세월이 유수처럼 소리 없이 흘러가는 가는 것이 아쉬운 게 우리의 삶의 모습이다.

지나간 시간을 돌이켜보며 '나는 누구인가?', '나는 무엇을 잘할 수 있을까?' 등의 고민에 빠지면 더욱더 삶의 고뇌에서 빠져나오기 힘들어지는 것이 삶이다. 때문에 현실에서 빠져나오려면 자신의 브랜드를 만들기 위한 전략적인 자기계발을 해야 한다.

"개가 사람을 물면 뉴스가 안 되지만, 사람이 개를 물면 뉴스가 된다."라고 19세기 말의 저명한 언론인이었던 찰스 앤더슨 다나(Charles A.

Dana)가 말했다.

이 말은 정상적이지 않은 사건이 사람의 관심을 끌고 뉴스로 가치가 있다는 점을 강조하고 있다. 즉 다나는 호기심을 자극하는 '흥미'를 뉴스의 본질로 보고 있는 것이다. 이러하듯 당신이 한번밖에 없는 인생을 살면서 적은 책은, 그 누구의 것과도 같지 않은 하나의 스토리가 된다.

작가 다이에나 홍은 『독서향기』에서 나를 알리는 법에 대하여 이렇게 말했다.

> "1년 동안 넉넉하게 살고 싶으면 벼를 심고, 10년 동안 넉넉하게 살고 싶으면 나무를 심고, 100년 동안 유복하게 살고 싶으면 이름값을 키우라는 말이 있습니다.
>
> 이름의 빛남은 나이가 들어도 시들지 않습니다. 오히려 시간을 거듭해 점점 더 쌓이게 되지요. 나를 알리는 가장 좋은 방법, 내 브랜드를 알리는 방법이라는 것을 꼭 기억하시길 바랍니다."

이와 같이 다른 사람에게 나를 가장 잘 알릴 수 있는 사람은 바로 자신이다.

그렇다면 '무엇으로 나를 알릴까?' 답은 간단하다. 바로 자신이 가진 독특한 매력과 스토리로 자신만의 책을 써서 나의 브랜드를 정립한 후 '퍼스널 브랜딩(Personal Branding)' 하는 것이다.

자신의 책에 대한 자부심을 가지고 확고한 신념과 실력으로 인정받을 수 있는 작품을 쓴다면, 저절로 사람들의 입에서 입으로 알려져 영향력이 생긴다.

다른 사람들의 눈에 들거나 보여주기 위한 책이 아닌, 나만의 진정성을 지닌 스토리와 필력을 담은 책을 출간한다면 작품성을 인정받아 나만의 '퍼스널 브랜드'에 힘을 더하게 된다.

베스트셀러인 『꿈꾸는 다락방』으로 유명한 이지성 작가의 프로필을 보면서 그만의 노하우를 배워본다.

그는 대학을 2.2 학점으로 졸업했다. 스물한 살 때부터 아버지의 빚 보증을 서기 시작했으나 IMF가 터지면서 아버지의 빚은 전부 신용정보회사로 넘어갔고, 이때부터 살인적인 이자가 붙기 시작했다. 스물일곱 살에 병장으로 제대했을 때 보증 빚은 20억 원이 넘어 있었다.

스물일곱 살 9월에 초등학교 교사가 되었는데, 빚 때문에 서른한 살까지 도시 빈민 생활을 했다. 서른한 살 7월에 도시 빈민 생활을 청산하고, 경기도립 성남도서관 바로 밑에 위치한 달동네로 이사했다. 이때부터 빈민보다 조금 나은 생활을 하게 되었다.

서른네 살에 『여자라면 힐러리처럼』으로 베스트셀러 작가가 되었다. 이후 『꿈꾸는 다락방』, 『리딩으로 리드하라』, 『생각하는 인문학』 등이 대형 베스트셀러가 되었다. 총 판매량은 420만 부를 넘겼다. 대표작들은 미국, 중국, 대만, 일본, 인도네시아, 베트남 등에서 번역 출간됐다.

폴레폴레 회원들과 지역아동센터 인문학 교육 봉사 활동을 6년 넘게 해오고 있다. 2014년에는 오랫동안 인문학 교육 봉사를 함께 해온 사람들과 ㈜차이에듀케이션을 설립했다.

차이에듀케이션에서는 '1년 100권 제대로 읽기', '처음 시작하는 논어', '인문학 교육 스터디' 등 다양한 인문학 교육 과정을 제공하고 있다. 앞으로 전국 대학가에 지역아동센터 인문학 교육 봉사 동아리를 만드는 것이 차이에듀케이션의 꿈이다. 폴레폴레, 한국기아대책, 드림스드림과 함께 개발도상국가에 학교와 병원 등을 지어주는 프로젝트를 진행하고 있고, 현재까지 학교와 병원 등을 총 18곳 지었다. 앞으로 100곳 넘게 짓고자 한다.

우리의 현실을 간접적으로 알 수 있는 아르바이트생 및 아르바이트 구직자를 대상으로 실시한 '알바 브랜드 선호도' 설문조사에서 '○○벅스'를 꼽은 응답자가 전체의 28.8%(여성 31.1%)로 지난해에 이어 2년 연속 선호하는 일자리로 선정됐으며 '○○올리브영'(19.9%), '○○플레이스'(19.5%)이었다.

브랜드 선택 이유는 61.0%가 '좋은 이미지', '일이 재미있을 것 같아서'(32.2%), '많은 매장', '다양한 복지제도'(24.4%), '급여 수준'(14.6%)이었다.

이를 통해 세계적인 기업들도 그들만의 브랜드로 이미지에 많은 영향을 준다는 것을 간접적으로 알 수 있다.

『서른여덟. 작가, 코치, 강연가로 50억 자산가가 되다』로 유명한 김태광 작가의 프로필은 우리에게 전하는 바가 매우 크다.

그는 대구에서 태어나 전주대학교 경영학과를 졸업하고 동대학원 경영학 석사 과정에 있다. 대학 졸업 후 신문사와 잡지사에서 근무한 적이 있으며, 문화·예술·경영 등 각계각층에서 성공한 사람들의 성공 요인을 분석하여 집필과 강연으로 전하고 있다.

대한민국 최고의 동기부여 컨설턴트를 꿈꾸는 저자는 '꿈'과 '비전'을 주제로 현대자동차, 삼성카드, 현대백화점, 홈플러스, 군산대학교, 울산대학교 경영대학원, 중고등학교, 사회복지관, 도서관 등에서 특강 강사로 활동하고 있다. 현재 김태광 비전연구소장으로 있으면서 김태광 비전아카데미, 내 인생의 반전을 위한 첫 책 쓰기 워크숍도 운영하고 있다.

가난했던 탓에 중학교 때부터 신문배달, 주유소 아르바이트, 막노동, 전단지 돌리기, 피자가게 아르바이트, 공장 생활을 전전했다. 심지어 그는 스무 살 시절, 주유소에서 트럭에 휘발유를 주입하다 월급도 받지 못한 채 쫓겨나기도 했다. 대학을 졸업한 뒤 수백 군데의 회사에 지원했다가 탈락한 뒤 심한 좌절에 빠져 있던 어느 날 문득 마음속에 온통 '나는 안 돼'라는 부정적인 생각으로 가득 차 있다는 것을 깨달았다.

그때부터 성공 대가들의 저서들을 닥치는 대로 읽으며 긍정적인 사고로 전환했다. 그때 읽었던 3,000권이 넘는 책은 그를 작가로 거듭나게 했다. 글을 쓴지 3년 만에 작가의 꿈을 이루고 9년 만에 중국과 대만, 태국 등에 저작권이 수출되었고, 10년 만에 초등학교 4학년 도덕교과서에 글이 수록되었다.

2011년 경기도교육청에서 추천하는 '청소년에게 영향력 있는 작가'에 선정되었으며, 35세에 저서 100권을 집필한 공적을 인정받아 '제1회 대한민국기록문화대상' 개인부문 대상 수상 및 한국기록원(KRI)으로부터 인증서를 받아 기네스에 등재되었다.

SBS PLUS 선우선의 「돈의 교본 사파이어」, SBS 라디오 「최영아의 책하고 놀자」, MBN 매일경제신문, 「라디오, 책을 만나다」 등 방송에 출연했다. 현재 성공한 기업과 성공한 사람들의 사고와 습관 등을 분석해 이 시대에 맞게 성공 공식을 재정립하는데 힘쓰는 한편, 기업과 기관, 대학교와 중·고등학교 등에서 다양한 학생들과 직장인들에게 '꿈'과 '동기부여'에 대하여 강연하고 있다.

김태광은 성공하는 방법을 이렇게 정리해 두었다.

1. 내 이름으로 된 책을 쓴다.
2. 네이버카페를 만든다.
3. 파워 블로거가 되어 블로그 마케팅을 한다.
4. 이미지 메이킹을 통하여 성공자의 모습으로 포장한다.
5. 책 제목을 주제로 강연을 한다.
6. 카페에서 자체적으로 1일, 4주, 6주 등의 과정을 만든다.
7. 나를 따르는 사람들을 대상으로 코칭하고 컨설팅 한다.
8. 사람들에게 판매할 상품을 만든다.
9. 책을 계속 써서 세상에 대한 영향력을 키운다.

10. 1~9를 반복한다.

괴테와 함께 독일 고전주의의 2대 문호로 일컬어지는 독일 고전주의 극작가이자 시인, 철학자, 역사가, 문학이론가 요한 크리스토프 프리드리히 폰 실러는 "시간의 흐름에는 세 가지가 있다. 미래는 주저하면서 다가오고, 현재는 화살같이 날아가고, 과거는 영원히 정지하고 있다."라고 우리에게 충고했다.

지금 이 시간도 지나면 과거라는 역사 속으로 사라진다.

당신만의 브랜드를 만들고 싶다면 '언론사는 당신의 기사거리를 원한다.'는 사실을 상기하자.

그대의 종이와 연필을
사랑하자

아마추어와 프로작가의 유일한 차이는 인내심에 있다.
— 마쓰모토 세이츠 —

첫 마음이라고 하면 제일 먼저 떠오르는 것이 첫사랑이다. 처음으로 진심을 다해 사랑했던 상대로, 사람마다 의미와 상대가 달라 그 내용은 천차만별이다.

나는 첫사랑이란 단어를 떠올리면 '청포도'가 생각난다. 때 묻지 않은 순수하고 싱그러운 그 느낌이 지금도 나의 가슴 한편을 아리게 한다.

그러나 첫사랑은 이루어지기 힘들다고 한다. 그 이유는 서로 초보 연애이기에 표현 방법을 모르기 때문이다. 또한 10대와 20대는 정신적으로 성숙하지 못했기에 감정을 조절하지 못해 상대를 배려하지 못하고 안정적인 관계를 유지하지 못하기 때문이기도 하다.

영원한 사랑은 힘들다는 이야기로 바꿔 말할 수도 있다. 첫 사랑이 어려운 과정이듯이 작가로서 첫 마음을 유지하는 것도 역시 어려운 과제라고 생각한다.

대한민국의 동화작가 고(故) 정채봉 작가의 첫 마음은 우리의 마음을 항상 따듯하게 해주었다. 지친 일상생활에서 힘들다고 나태해질 때, 나를 나쁘게 변하지 않게 하는 첫 마음으로 돌아갈 수 있도록 '첫 마음'을 소개해 본다.

첫마음

— 정채봉

1월 1일 아침에 찬물로 세수하면서 먹은 첫 마음으로 1년을 산다면,

학교에 입학하여 새 책을 앞에 놓고
하루 일과표를 짜던 영롱한 첫 마음으로 공부를 한다면,
사랑하는 사이가,
처음 눈을 맞던 날의 떨림으로 내내 계속된다면,

첫 출근하는 날,
신발 끈을 매면서 먹은 마음으로 직장일을 한다면,

아팠다가 병이 나은 날의,
상쾌한 공기 속의 감사한 마음으로 몸을 돌본다면,

개업 날의 첫 마음으로 손님을 언제고

돈이 적으나, 밤이 늦으나 기쁨으로 맞는다면,

세례 성사를 받던 날의 빈 마음으로 눈물을 글썽이며 교회에 다닌
다면,
나는 너, 너는 나라며 화해하던 그날의 일치가 가시지 않는다면,

여행을 떠나던 날, 차표를 끊던 가슴 뜀이 식지 않는다면,
이 사람은 그때가 언제이든지 늘 새 마음이기 때문에
바다로 향하는 냇물처럼 날마다 새로우며, 깊어지며 넓어진다.

　기록은 작가에겐 숙명과도 같은 일이다. 일상생활 중에 문득 떠오른
생각은 즉시 기록을 해야 유용할 수 있으며, 그 생각을 사용하기 위해
서는 종이와 연필을 항상 휴대하고 다녀야 한다.
　요즘은 스마트폰이 그 역할을 대신하고 있으나 스마트폰을 활용한
기록은 종이와 연필로 기록하는 정취를 느낄 수 없다.
　왜 우리는 그때그때 떠오른 기억을 즉시 기록해야하는가?
　그 이유는 '사람은 망각의 동물'이기 때문이다.
　19C 중반 16년간 기억을 연구했던 독일의 심리학자 헤르만 에빙하우
스는 〈인간의 무의미 기억=암기〉에 관한 연구로 자신을 실험자이자
피험자로 하여 실시한 이 실험에서 학습자가 〈무의미하게 기계적으로
암기를 할 때〉 기억효율, 망각의 정도 등을 알아내어 그래프로 정리하
였다.

'에빙하우스의 망각곡선'에 의하면, 인간은 무의미 학습 후 10분 후부터 망각이 시작되며, 1시간 뒤에는 50%, 하루 뒤에는 30%가 한 달 뒤에는 20%를 기억하였다. 다시 말해 10분 후에 40%, 1시간 후에 50%, 하루 뒤에 70%를 망각하였다.

또한, 기억의 원리 에빙하우스의 4회 주기 복습은 즉 같은 횟수라면 "한번 종합하여 반복하는 것"보다 "일정시간의 범위에 분산 반복"하는 편이 훨씬 더 기억에 효과적이라는 것을 발견했다.

이런 에빙하우스의 망각주기를 이용한 구체적인 복습주기는 마인드맵의 창시자인 토니 부잔(Tony Buzan)의 저서에 따르면 다음과 같다.

최초의 복습은 1시간 학습 후 10분 후에 10분 동안, (하루 동안 기억) 두 번째 복습은 24시간 후 2~4분 동안, (일주일 동안 기억) 세 번째 복습은 두 번째 복습 후 일주일 뒤에 2분 동안, (한 달 동안 기억) 네 번째 복습은 세 번째 복습 후 한 달 뒤에, (6개월 이상 기억) 그 이후에는 몇 달에 한번 씩 슬쩍 들여다보아도 기억이 유지된다.

이를 통해 인터넷에서도 잘 알려진 자신에게 맞는 주기 학습 실천법 3가지를 알아본다.

첫째, 그들은 외울 내용을 자투리 시간에 자주 봤다.
둘째, 그들은 정독을 했다.
셋째, 자신의 암기주기를 알자!

내가 책을 쓰기 시작 했을 때 첫 마음으로 작성한 집필계획서를 다시 검토 및 분석해 본다.

1. 제목(가제)과 부제는 수정할 필요가 있는지.
2. 저자 프로필이 부족하거나 과하지 않았는지. 또한 저자 프로필이 너무 보고서 형식이 아닌지.
3. 장르 및 분야가 나의 의도와 부합하는지.
4. 기획 의도(집필 동기)에서 벗어나지 않았는지.
5. 대상 독차층(핵심, 확산 독자)의 니즈를 파악했는지.
6. 장르 및 분야가 어긋나지 않았는지. 장점 및 유사, 경쟁 도서와의 차별성이 있는지.
7. 홍보 아이디어에서 보완할 점은 없는지.
8. 집필 일정이 제대로 이행 되었는지.

등을 파악한다.

또한 퇴고 할 때 유의할 점을 살펴보면,

1. 전체 원고 분량(100~110장) 점검.
2. 기본적인 맞춤법과 오탈자 체크.
3. 인용한 사례의 사실 여부를 최종 점검하고 문장은 최대한 간결하게 쓰였는지.

이와 같이 세밀한 분석이 요구된다.

"첫사랑이 현실적으로 열매를 맺지 못했다 해도 그 아름다운 꽃은 추억 속에서 영원히 아름답게 필 것이다."라고 시라이시 고우치 교수가 말했듯이, 첫 마음으로 종이와 연필을 사랑하고 작가로서의 필력과 스펙을 쌓자.

또한 자신만의 기교를 기록한다는 생각으로 가치관을 바꾸면 습관이 바뀌고, 습관이 바뀌면서 행동이 바뀌고, 행동이 바뀌면서 당신의 인생이 달라질 것이다.

이 세상을 사는 만큼
글을 쓴다

다 완성하기 전까진, 절대 "이렇게 이렇게 쓸 거야." 남에게 말하지 마라.
— 마리오 푸조 —

우리나라 고유의 가옥은 한옥이다. 한옥은 앞마당과 뒷마당이 있어 집의 운치를 더해준다.

한 폭의 한옥 그림에서 전통 비(재료: 수수, 싸리나무, 벼, 갈대, 기장, 신우대)로 마당을 쓸고 있는 마당쇠가 없다면 앙꼬 없는 찐빵(오아시스 없는 사막, 끈 없는 팬티, 사운드카드 없는 스피커, 너 없는 세상, 코 없는 코끼리, 등짝 없는 거북이, 수염 빠진 고양이, 안테나 빠진 텔레비전, 김 빠진 콜라, 목 없는 기린)같은 무언가 허전하고 구성이 엉성한 느낌을 받는 것은 나만의 감각이 아닐 것이다.

늦가을 매일아침 마당 바람에 날리우는 여러 종류의 수많은 낙엽을 비로 씁니다. 울긋불긋한 가을 낙엽이 날마다 수시로 톡톡 떨어지니 온 종일 수시로 낙엽 잎을 쓸어도 가을 낙엽은 비질이 지나간 자리에 다시 수시로 수북이 쌓입니다.

쓸어 모은 낙엽을 쌓아놓고 불을 지피면 가을 낙엽이 타는 소리와 냄새가 내가 살아 있음을, 아니 세월이 가고 있음을 알려준다.

박칼린 교수의 두 번째 에세이집 '사는 동안 멋지게' 중 내가 살아 있으며 나에게 하고픈 말을 표현한 같은 감동을 받은 내용을 소개한다.

마음으로 고맙다고 인사하라.
상대방이 네 마음을 알아주기를 바라지마라.

고마우면 고맙다고 인사하면 되고,
사랑하면 사랑한다고 말하면 되지,

속으로 인사한다고 누가 알아주나…?
입은 마음을 표현하라고 있는 것이다.

위대한 사상가와 예술가는 불운한 시대에 태어난다는 말이 있듯이 불운한 삶 속에서도 약 600권에 달하는 저서를 집필한 우리나라 최고의 실학자인 다산 정약용 선생의 삶은 우리 후손들에게 귀감이 되며 삶의 의미를 돌이켜보게 한다.

사도세자가 뒤주에서 죽은 해에 태어난 다산 정약용은 어려서부터 총명하여 학문을 함에 있어 남다른 재주를 보였다. 무난히 과거에도 급제하여 정계에 진출했으나 빛을 보지 못하고 18년 동안이나 유배 생활을 해야만 했다.

유배 생활동안 생활고에 시달리며 힘겹게 살았지만 이러한 인고의 시간을 통해 위대한 사상과 문학을 후세에 남겼다.

1801년 반대파들의 음모로 지방으로 좌천되어 곡산 부사로 있으면서 다산은 3정의 문란 상태를 바로 잡으려는 노력을 끊임없이 했으며, 말년에 지은 『목민심서』에는 이때 자신이 실천한 경험들이 적지 않게 반영되어 있다.

그는 유배 생활을 하는 18년 동안에도 사상 발전을 위해 헛되지 보내지 않았다. 유배 생활 초기에는 생활고를 겪으며 힘든 나날을 보냈으나 여러 사람의 도움으로 점차 연구, 저술사업을 진행하기에 좋아졌다.

이때 그는 『원목』, 『원정』, 『탕론』, 『감사론』, 『환자론』, 『전론』, 『경세유표』 등 정치, 경제, 사회 각 부분에 걸친 걸쳐 다양한 저술 활동을 벌였다.

또한 역사, 지리, 의학, 군사, 음악 등 다방면에 걸친 연구를 진행하고 『주역』, 『춘추』, 『논어』, 『맹자』, 『대학』, 『중용』 등 유교경전들에 대한 사색과 연구를 통해 실학사상을 심화, 발전시켰다.

18년 간의 생활을 끝내고 57세에 고향으로 돌아온 그는 여생을 사색과 저술, 창작과 명승지 유람으로 보내면서 환갑이 지난 후에도 계속 저술활동을 했다.

덕분에 그는 탁월한 학자, 문필가로 이름을 남겼으며, 그의 저서 『경세유표』, 『목민심서』, 『흠흠신서』, 『아언각비』 등 약 600권이 당년에 비길 바 없는 위대한 학자, 선진적인 사상가들마저 인정하는, 자타가 공인하는 권위를 가지게 되었다.

이 세상을 살아가다보면 즐거운 일보다 그렇지 않은 일의 비율이 높다는 것은 모두 다 공감하는 부분이다. 그렇다고 유한한 세상을 울면서, 또는 인상을 찌푸리면서 살아야할지 의문이다.

이왕 사는 삶, 웃고 살아도 시간이 부족하다. 내가 고객만족 강사로 활동하면서 많이 활용하는 웃음 십계명을 살펴보면서 부정을 긍정으로 바꾸어 보자.

1. 크게 웃어라. 크게 웃는 웃음은 최고의 운동법이며 매일 1분 동안 웃으면 8일을 더 오래 산다. 크게 웃을수록 더 큰 자신감을 만들어 준다.
2. 억지로라도 웃어라. 그리하면 병이 무서워서 도망간다.
3. 일어나자마자 웃어라. 아침에 일어나 처음으로 웃는 웃음이 보약 중의 보약이다. 3대가 건강하게 되며 보약 10첩보다 낫다.
4. 시간을 정해 놓고 웃어라. 그리하면 병원과는 영원히 바이바이(byebye)다.
5. 마음까지 웃어라. 얼굴 표정보다 마음 표정이 더 중요하다.
6. 즐거운 생각을 하며 웃어라. 즐거운 웃음은 즐거운 일을 창조한다. 웃으면 복이 오고, 웃으면 웃을 일이 생긴다.
7. 함께 웃어라. 혼자 웃는 것보다 33배 이상 효과가 좋다.

8. 힘들 때 더 웃어라. 진정한 웃음은 힘들 때 웃는 것이다.

9. 한 번 웃고 또 웃어라. 웃지 않고 하루를 보낸 사람은 그날을 낭비한 것이나 마찬가지다.

10. 꿈을 이뤘을 때를 상상하며 웃어라. 꿈과 웃음은 한집에 산다.

많은 작가들이 책 쓰기는 중노동이라고 말한다. 작가들은 하루 8시간, 연간 2,200시간을 투자하는 것이 평균이라고 말한다. 나 역시 저서 『위대한 고객』을 쓰면서 느낀 점이 많지만, 가장 먼저 '세상에는 공짜가 없다'라는 것을 실감했다.

또한 이상과 현실은 극명하게 차이가 있다는 것을 몸소 체험하는 경험을 갖게 되었다.

책 쓰기 순서를 요약하면, 먼저 내가 쓸 책의 장르와 콘셉트가 정해지면 제목과 목차를 정한다. 이를 바탕으로 2개월 안에 초고를 완성하고, 5번 이상의 고쳐 쓰기와 퇴고(탈고)를 한 후에 내 책과 같은 콘셉트의 책들을 출간하는 출판사에 투고한다. 그리고 2주간 기다린 후 출판사와 계약을 하게 되면 책이 출간된다.

농부가 봄철에 씨앗을 뿌리고, 물을 주고, 거름을 주고, 잡초를 뽑고, 지지대와 울타리를 만들어 주고, 최종적으로 수확하기까지 많은 과정을 거쳐야 하듯이, 나의 책을 출간하기까지의 과정은 농부가 농사를 짓는 것과 같은 과정이었다.

그러한 와중에 직장 생활을 병행한다는 것 차체가 힘든 시간이었다. 초고를 작성하는 와중 막히는 부분이 생기면 불면증에 걸리고, 편두

통과 친구가 되고, 한 달 이상 장염에 시달린다.

6개월간의 탈고 과정에서 각막손상으로 치료를 받고, 출판사와 초고 작업 중에는 양쪽 어금니에 금이 간 것은, 여전히 잊혀 지지 않는 명예로운 영광의 상처로 남았다.

산모는 힘든 산통 과정을 겪어내고 새로운 생명을 잉태한다. 같이 공부를 한 작가님들 중에 출산을 경험한 분들은, 애를 낳는 것보다 책 한 권 쓰는 것이 수십 배 어렵다고 이구동성으로 말하고 있다.

나는 남자라 직접 애를 낳아보지 못했지만 '출산의 고통이 지속되는 시간보다 책 쓰기 과정의 시간이 오래 걸리기에 이러한 이야기가 나오지 않았나!'라고 이해하고 싶다.

또한 그런 과정을 통해 쓴 책의 효과는 저자를 성공한 사람으로 변화하게 하고, 인세와 강의 등을 통해 평생 돈을 벌 수 있는 시스템이 만들어지며, 아울러 개인 브랜드 가치가 올라간다.

미국의 제29대 부통령이자 제30대 대통령 존 캘빈 쿨리지 주니어는 "우리는 얻는 것으로 생활을 이루고, 주는 것으로 인생을 이룬다."라고 인생을 함축하였다.

인생이 무한하지 않다는 것을 알고 있으나 망설이거나 내일로 미루는 습관이 당신의 귀한 스토리가 이 세상에서 빛을 볼 수 있는 기회를 잃게 만든다. 당신이 "사는 동안만큼 글을 쓴다." 하여도 인생의 유한함으로 인해 부족할 수밖에 없다는 것을 잊지 말고 지금 이 순간에도 몰입하여 책을 쓰자.

유명해지면
돈으로 살 수 없다

자존심은 오전에는 풍요, 오후에는 가난, 밤에는 악명과 함께 한다.

— 벤자민 프랭클린 —

요즘 유명인(有名人) 또는 셀러브리티(Celebrity)와 셀렙(Celeb)들은 대중들로부터 주목을 받고 사회에 영향을 끼치는 사람들로서, 이들은 TV 등 메스컴을 통하여 얼굴이 많이 알려지면 인기 및 몸값이 상승하여 유명세를 높인다.

이것이 몇십 배, 몇백 배의 효과가 있다 보니 너나 할 것 없이 연예인을 희망하는 추세인데, 나이가 어린 청소년층에서 이러한 현상이 심각한 실정이다. 또한 이들이 사용하는 물품이나 언행은 대중의 관심사가 되고, 크고 작은 유행을 만들고, 문화적 영향을 주고 있다.

이 책을 편 순간, 이미 유명인의 대열에 합류할 수 있는 행운의 키가 당신의 손에 들어온 것이다. 이제 미국 신학자이자 작가 피터 라이브즈(Peter Lives)의 '돈으로 살 수 없는 것'을 살펴보면서 행운의 키의 방향을 결정해보자.

돈으로 사람(person)은 살 수 있어도 그 사람의 마음(spirit)은 살 수 없다.

돈으로 호화로운 집(house)은 살 수 있어도 행복한 가정(home)은 살 수 없다.

돈으로 최고로 좋은 침대(bed)는 살 수 있어도 최상의 달콤한 잠(sleep)은 살 수 없다.

돈으로 시계(clock)는 살 수 있어도 흐르는 시간(time)은 살 수 없다.

돈으로 얼마든지 책(book)은 살 수 있어도 결코 삶의 지혜(wisdom)는 살 수 없다.

돈은 일상생활에 반드시 필요하고 편리한 수단이지만, 어디까지나 생활의 수단이지 인생의 목적은 결코 아니다.

돈은 인간에게 필요한 것이다. 그러나 돈만 가지고는 인생에서 가장 가치 있고 진정으로 만족스러운 것은 살 수 없다. 진정한 행복은 물질이 아니라 마음에서 온다.

어느 날 시내를 걷다가 무심코 발견한 외국 회사의 광고 "돈으로 행복을 살 수 없다고 말하는 사람은 돈을 잘못 쓰고 있는 것"이라는 의미심장한 글귀는 나의 삶의 방향에 많은 변화를 주는 시발점이 되었다.

그 결과 내가 이 세상에 태어나 5학년 중반을 살아오면서 몸으로 체득한 나의 생활신조, 그 중에서 누구나 알고 있는 "돈으로 살 수 없는 것 세 가지"는 다음과 같다.

첫 번째는 단란한 가정, 두 번째는 진정한 안정, 세 번째 만족하는 마음이다.

요즘 온라인상에서 주목을 받고 있는 이복희 시인의 '온라인'이라는 시가 물질과 인간관계에 대한 우리의 현실을 대변하고 있어 살펴본다.

온라인

— 이복희

나는 오늘 사랑을 무통장으로 입금시켰다.
온라인으로 전산 처리되는 나의 사랑은 몇 자리의 숫자로 너의 통장에 찍힐 것이다.
오늘 날짜는 생략하기로 하자.
의뢰인이 나였고, 수취인이 너였다는 사실만 기억했으면 한다.
통장에 사랑이 무수히 송금되면
너는 전국 어디서나 필요한 만큼 인출하여 유용할 수 있고
너의 비밀 구좌에 다만 사랑을 적립하고
이 세상 어디에서도 우리 채권자와 채무자의 관계로서는 사랑하지 말자.
오늘도 나는 은행으로 들어간다.
무통장 입금 중에 네 영혼의 계좌번호를 적어 넣고

내가 가진 얼마간의 사랑을 송금시킨다.

배상문 작가의『사람과 사람사이를 잇는 소통의 키워드 비유의 발견』의 본문 중「잉여」가 우리에게 질문을 던지고 많은 것을 생각하게 한다.

문화는 잉여들이 만든다. '밥 먹고 할 짓 없는 인간들'이 세상의 큰 틀을 기획 한다. 우리가 지금 생활필수품이라고 여기는 것들은 한때 모두 사치품이었다.

(…중략…)

개미는 평생 부지런히 일해 봐야 집 한 칸 장만하고 끝이다. 그것과는 비교가 안될 정도의 막대한 재산을 가진 세상의 큰 부자들은 전부 베짱이다. 사실이다.
베짱이로 살아야지 부자가 될 수 있다는 이야기를 하려는 것이 아니다. 가난한 베짱이도 많다. 하지만 거부가 된 베짱이도 처음부터 돈을 벌려고 일을 벌이지는 않았다는 걸 알아야 한다. 그는 자신에게 재미있어 뵈는 일을 즐겼을 뿐이고

(…중략…)

🐯 5장 호랑이는 가죽을, 작가는 내 이름의 책을 남긴다

문화 생산자는 되지 못하더라도 소비자는 될 필요가 있다. 책을 읽고, 영화를 보고, 미술관에 가고, 음악을 듣고, 여행을 떠나고… 그렇게 해서 마음속에 먹고사는 일과 무관한 잉여분을 채워 넣어야 한다. 내부에 일종의 에어백을 장치하라는 거다. 에어백이 튼튼하고 두꺼울수록 사고가 났을 때 죽지 않을 확률이 커진다.

시험 성적이 떨어졌다고 옥상에서 뛰어내리는 학생이나, 직장에서 잘렸다고 강물로 뛰어드는 회사원이나, 사업에 실패했다고 방에서 연탄불 피우는 사업가의 공통점은 사고 순간에 터질 에어백이 없다는 것이다.

위에 나온 「잉여」의 본문과 같이 삶의 에어백을 장치하면, 책 쓰기를 통해 당신의 몸값을 올려 당신만의 블루오션을 창출할 수 있다.

프랑스의 사회계약론자이자 직접민주주의자, 공화주의자, 계몽주의 철학자 장 자크 루소는 "그대가 아무리 그대의 금고를 열어놓는다 하더라도, 그대가 그와 동시에 마음을 열어놓지 않는다면 상대방의 마음은 여전히 그대에게 닫힌 채로 있을 것이다. 아니, 똑같이 돈으로 무엇을 해주더라도 사랑으로 하지 않으면 그것은 이내 사라지고 만다."고 말했다.

당신의 삶이 유명해지면 돈 쓸 일이 없을 것이며, 당신은 돈으로는 결코 살 수 없는 세상의 꽃이 될 것이다.

첫 마음을
항상 기억하자

꿈을 계속 간직하고 있으면 반드시 실현할 때가 온다.
— 괴테 —

당신은 새로운 하루를 선물 받은 매일 아침 눈을 뜨며 첫 생각을 무엇으로 시작하는가. 그 첫 생각이 하루를 결정하고, 그 하루가 일주일을, 그 일주일이 한 달을, 그 한 달이 1년을, 그 1년이 당신의 인생을 결정하는 결과를 만들어 준다는 것을 명심하자.

그러니 첫 생각을 부정보다는 긍정으로, 불행보다는 행복으로, 불만보다는 감사함으로, 미움보다는 사랑으로, 실망보다는 희망으로, 비판보다는 칭찬으로, 욕심보다는 양보로, 냉정보다는 열정으로 삶을 채워가는 것이 인생을 살아갈 때 손해 보지 않는 장사가 아닌가 한다.

책 쓰기를 하면서 직·간접적으로 접해본 대부분의 작가들은 책을 출간한 후 꿈을 현실로 만드는 드림워커, 동기부여 강연가, 성공학 메신저, 자기계발 작가 등 평범한 인생을 특별한 인생으로 변화시켰다.

동시에 동기부여가의 삶이 만만치 않다는 것을 깨닫고 늘 실천하며 평범한 삶과 인생에 안주하지 않고 새로운 삶을 이루는 과정으로 사람들을 인도하려고 노력하고 있다.

또한 경험과 책을 통한 배움을 통해 습득한 지식을 체계적으로 관리하여 새로운 꿈을 이루기 위한 밑거름을 갖도록 메신저로서의 임무에 충실하고자 최선을 다한다.

내가 첫 단독서 『위대한 고객』을 출간한 후 느낀 점, 딱 떠올린 생각은 "직장을 다니면서 뭔가를 해낸다는 게 쉽지 않은 현실 속에서 첫 책을 출간한 것을 통해 큰일을 이뤘다는 성취감을 가지게 되었고 목표로 삼던 유명한 산의 정상을 정복한 것 마냥 뿌듯했다."라는 것이었다.

그러나 한편으로는 내 기대와는 다르게 책의 판매 부수에 대한 불편함이 몰려 왔다.

가끔 지인들이 불쑥 "책 많이 팔렸어?" 또는 "몇 권 팔았어?"라는 질문들을 던지곤 하는데, 저자인 나로서는 어떻게 대답을 해야 할지 막막하기만 했다.

저자는 출간만하면 되는 것으로 알고 책 쓰기를 시작했는데 실제로는 저자가 책이 잘 팔리는지에 대한 것까지 신경 써야한다. 그렇지 않으면 매일 새로운 책들이 마구 쏟아지는 우리나라 출판시장에서 내 책이 살아남기는 쉽지 않다.

현재 우리나라에는 온라인과 오프라인 상으로 평범함을 특별한 삶으로 바꿔주는 '성공학'을 다룬 온라인 카페와 블로그 등의 소셜 네트워크와 오프라인 모임을 통해 다양한 분야의 사람들과 함께 꿈을 그리는 모임이 많다.

이곳에서는 '성공한 사람들과 실패한 사람들의 차이는 인생에 대한

선명한 빅 픽처가 그려져 있느냐 없느냐는 것이다.'라고 말하고 있다.

대부분의 사람들이 자신의 꿈을 가지고 미래의 빅 픽처를 그리지 못하는 가장 큰 이유는, 지금의 삶을 뒤집어야 한다는 두려움 때문이다.

그러니 먼저 내가 원하는 5년 후 나의 모습을 그려라. 그리고 타임머신을 타고 5년 후의 나를 만났을 때 롤 모델로 삼고 싶을 만큼 멋진 내 인생의 밑그림을 그려라.

그런 다음 그와 같은 모습이 되기 위해 5년 간 하루하루를 살면서 그 삶에 어떠한 색깔을 입혀야 할지 선택하고, 5년 후의 내가 바라는 빅 픽처를 완성할 수 있을까 생각하며 행동하는 것이 주 포인트다.

요즘 잘 나가는 작가들이 말하는 책을 통한 빅픽처를 그리는 방법은 다음과 같다.

첫째, 내가 읽고 있는 책은 빅 픽처를 그리는 메모장이다. 책의 여백에 생각을 메모하고, 빅 픽처를 그려라.

둘째, 책을 항상 나의 몸에 지녀야 한다. 틈나는 대로 독서를 하라.

셋째, 독서는 가장 강력한 습관이다.

위대한 철학자 가스통 바슐라스는 "책은 꿈꾸는 것을 가르쳐 주는 위대한 스승이다."라고 말했다. 이처럼 책은 빅 픽처를 그리기 위한 출발선이다. 당신이 책에 관심을 쏟는 만큼, 책은 당신이 꿈으로 향하는 길을 활짝 열어 줄 것이다.

우리 몸의 전체 세포 수는 60조 개에서 100조개라고 한다. 이 중 90%의 세포들이 90일마다 사라지고 다시 재생된다고 한다. 가장 수명이 짧은 세포는 위장 세포인데, 수명은 2시간 30분밖에 되지 않는다. 그 다음은 면역을 담당하는 백혈구로 수명이 48시간이다. 그러나 적혈구는 120일 정도이고 뇌세포의 수명은 60년 정도이며, 체세포의 평균 수명은 25~30일 정도라고 한다.

우리가 새로운 습관이나 운동을 통해 건강한 몸을 만드는데 최소 세 달 정도가 소요된다. 즉 평균 2년마다 우리의 몸은 완전히 새로운 세포로 바뀐다는 소리다. 이처럼 우리 몸의 세포가 죽어야 우리가 산다. 죽은 세포를 대신하는 새로운 세포가 생성되는 것으로 우리는 자연의 섭리에 따라 살고 있다.

이처럼 지난 시간과 같은 것은 절대 없다. 자연은 매 순간 새롭게 창조되며 우리 인간도 자연의 일부분일 뿐이다. 그러니 당신도 새로운 것에 대한 두려움은 접고 도전을 하라.

사이쇼 히로시의 『인생을 두 배로 사는 아침형 인간』은 우리에게 많은 교훈을 주고 있다. "아침을 지배하는 사람이 하루를 지배하고, 하루를 지배하는 사람이 인생을 지배한다."라는 내용과 일맥상통하는 내용이다.

사람의 몸은 에너지를 소모한 만큼 보충하고 회복시켜줘야 한다. 일정 에너지를 소모한 만큼 섭취해야 하고, 그만큼 숙면을 취해야 한다.

에너지가 부족하면 허기를 느끼는 신호를 보내고 피로가 누적되면 잠을 자야한다는 신호를 보낸다. 그러므로 '밤에 충분한 수면을 취해야만' 아침에 일찍 일어나서 활동을 시작할 수 있다.

우리는 새벽시간을 어떻게 활용하느냐에 따라 인생이 변화한다는 것을 이미 알고 있다. 1%의 성공한 사람들은 새벽 시간을 활용하여 자신의 꿈을 이루었다. 바쁜 와중에도 많은 것을 이루어가는 사람들은 모두 새벽시간을 적극 활용한다.

새벽시간에 잠을 자면 꿈을 꾸지만, 일어나서 자기계발을 하면 꿈을 이루게 된다. 그러니 99%의 평범함에서 1%의 특별함으로 가기 위한 마법의 시간, '새벽시간'을 활용해보자.

현대사회는 잦은 술자리 때문에 야행성 인간이 되어가는 사람들이 많다. 이러한 야행성 생활을 많이 하는 관계로 우리 몸의 조화를 깨뜨린다.

신체적 정신적 그리고 자신을 둘러싼 사회적 여건과 조화로운 관계를 유지할 때에 건강한 사람이라 말할 수 있는데 그 리듬이 깨지게 되면 다시 회복하기가 힘들다.

따라서 저자는 '야행성 인간'에서 '아침형 인간'이 되기 위한 100일(14주) 프로젝트를 다음과 같이 진행한다. 생활에 활용하시기를 바란다.

1주 - 변화의 기회를 잡아라.

2주 - 자기만의 스타일을 파악하라.

3주 - 자신을 세뇌시켜라.

4주 - 저녁 시간부터 바꿔라.

5주 - 수면 시간을 정하라.

6주 - 잠들기부터 시작하라.

7주 - 아침 30분의 변화를 시작하라.

8주 - 낮잠과 비타민으로 도움을 받아라.

9주 - 빛을 활용하라.

10주 - 산책을 시작하라.

11주 - 산책을 최대한 활용하라.

12주 - 체조와 요가를 병행하라.

13주 - 아침의 뇌를 자극하라.

14주 - 온 가족을 동참시켜라.

세계적인 동기부여연설가이자 작가인 찰스 존스는 "두 가지에서 영향받지 않는다면, 우리 인생은 5년이 지나도 지금과 똑같을 것이다. 그두 가지란 우리가 만나는 사람과 우리가 읽는 책이다."라고 인생의 변화하는 특이점에 대해 강조했다.

지금 책을 쓰고 있다면 당신은 힘든 시간을 보내고 있을 것이다. 그힘든 매 순간마다 '첫 마음을 항상 기억하자.' 그리하면 당신의 꿈은 반드시 이루어진다.

꿈을 멈추면
당신 인생도 멈춘다

미래는 꿈의 아름다움을 믿는 사람들에게 주어진다.
— 엘리노어 루즈벨트 —

인간은 '꿈을 꾸며 살아간다.' 그리고 꿈은 자면서 꾸는 생리학적 꿈과 삶을 살아가면서 미래의 비전을 그리는 꿈으로 나눌 수 있다.

사람들은 수시로 생리학적 꿈을 꾸며 살고 있다는 것을 우리는 경험으로 알고 있지만 과연 동물들도 꿈을 꿀까라는 의문을 갖게 되어 확인한 바, 놀라운 사실을 발견하게 되었다.

우리 집에서 같이 사는 반려 동물인 강아지, 고양이를 비롯하여 동물원이나 아프리카 밀림 등에 살고 있는 원숭이, 인간의 생활에 많은 피해를 주는 쥐도 꿈을 꾼다.

우리의 뇌에는 해마라는 기관이 있다. 이 기관은 일시적인 기억이나 감정적인 행동을 조절하고 꿈을 꿀 수 있도록 하는 기관이다. 척추동물과 포유류는 모두 뇌에 해마라는 기관이 있기 때문에 꿈을 꿀 수 있다고 한다.

그러나 포유류를 제외한 동물들은 뇌파 측정이 불가능하여 꿈을 꾸는지 확인할 수 없다고 한다.

포유류들은 왜 생리학적 꿈을 꿀까? 그 이유는 바로 생존을 위해서이다. 야생 생활을 하는 모든 동물에게는 깊은 잠을 잘 수 있는 환경이 주어지지 않는다.

인더스 돌고래는 4초~60초 동안씩의 짧은 잠을 잔다. 목이 길어 슬픈 짐승인 기린은 선채로 짧은 잠을 반복해서 자고, 말이나 코끼리, 소같은 초식 동물들은 3~4시간의 주기로 잠을 잔다.

극한 야생에서의 위험에 노출된 동물이 인간처럼 깊은 잠을 자면 천적인 맹수들에게 잡아먹히기 때문이다. 물론 인간의 조상들도 원시시대에는 동물들과 같은 형태의 잠을 자며 생존을 이어왔다. 깊은 잠에서 벗어난 얕은 잠의 시간이 바로 꿈을 꾸는 시간이라고 한다.

그러나 포유류의 꿈과 다른 두 번째 꿈은 인간만 꾼다. 때문에 인간들은 계획된 삶을 살아가려고 노력하고 그 꿈을 성취하는 희열을 맛본다. 이어지는 이 시대의 '성공한 사람들'이 말하는 20가지 성공 법칙'을 살펴보면서 당신의 꿈을 설계하기 바란다.

1. 도널드 트럼프 - 미국 대통령 : "신념대로 밀어붙여라."
2. 마크 저커버그 - 페이스북 창업자 겸 CEO : "겁이 나도 위대한 일을 하라!"
3. 리처드 브랜슨 - 버진그룹 창업자 겸 회장 : "실패는 학습과정에 불과하다."
4. 워런 버핏 - 버크셔해서웨이 회장 : "존경하는 사람들의 언행·성

품을 본받아라."

5. 빌 게이츠 - 마이크로소프트 창업자 : "뭐든 단순하게 만들어 중
  요한 것들에만 집중하라."

6. 마야 안젤루 - 미국 시인·배우 : "너 자신이 새로운 길을 만들어라."

7. 로이드 블랭크페인 - 골드만삭스 CEO : "힘을 뺄수록 더 잘된다."

8. J. K. 롤링 - '해리포터' 작가 : "실패는 선물 같은 기회다."

9. 멜라니 웰란 - 소울사이클 CEO : "누가 무엇을 시키든 손을 들고
  할 수 있다고 말하라."

10. 에릭 슈미트 - 구글 회장 : "무슨 일에든지 '예스'라고 답하라!"

11. 스티브 잡스 - 애플 창업자 : "공동체나 다른 사람들을 도울 수
  있어야 한다."

12. 아리아나 허핑턴 - 허핑턴포스트 창업자 : "너무 열심히 일하지
  말라."

13. 조지 스테파노플러스 - 인기 앵커 : "봉급이 깎이면 어떡하나 하
  고 걱정하지 말라."

14. T. J. 밀러 - 미국 코미디언 : "당신 주위의 누구보다 열심히 일
  하라."

15. 알렉사 폰 토벨 - 런베스트 CEO : "무슨 일이 벌어질지 대비하
  여 항상 깨어 있어야 한다."

16. 존 첸 - 블랙베리 CEO : "영광을 차지하면 동료들도 배려하라."

17. 샐리 세타 - 레드랍스터 사장 : "점심을 절대 혼자 먹지 말라."

18. 브라이언 체스키 - 에어비앤비 공동설립자 : "부모의 취업 충고

를 귀담아듣지 말라."

19. 릭 고잉스 - 가구회사 트루퍼웨어 브랜드 사장 : "다른 사람들을 어떻게 대하는지 보면 모든 걸 알 수 있다."

20. 말라 말콤 - 벡 블루머큐리사 공동창업자 : "흥미 있는 일을 해야 남들보다 잘할 수 있다."

다음으로 당신의 꿈을 이루기 위한 출판 의뢰 시 유의사항을 살펴본다.

1. 예의를 갖추되 자신감 있게 작가의 솔직한 신념을 담는다.
2. 기획 의도를 서술형으로 충분히 풀어내어, 본인의 원고를 왜 채택해야 하는지 구체적으로 설명한다.
3. 출간 이후 활동 계획 및 비전을 진솔하고 계획적으로 풀어쓴다.
4. 여러 출판사에 보낸다 해도 일률적인 전체 메일이 아닌 개별 작성해서 보낸다.
5. 저자의 개인 연락처를 반드시 기입한다.

'출판사의 거절을 거절하라.'는 말이 있다. 어떤 저자들은 출판사의 보수성이라고 쉽게 말하는 이도 있다.

하지만 출판사는 이 원고의 미래에 생존이 달려 있기 때문에 이해해야 한다. 이해를 돕기 위해 미래를 준비하지 않고 방만하게 산 세계적인 사례를 다음과 소개하고자 한다.

나우루 공화국(Republic of Nauru)은 동경166° 55', 남위0° 32' 적도에서 남쪽으로 42km거리에 위치한, 총면적 21㎢(서울 용산구, 울릉도 3분의 1정도 크기)의 섬 국가이다. 해안선은 30km 정도이다. 수도는 야렌이고 종족구성은 나우루인(58%), 기타 태평양 섬주민(26%), 중국인(8%), 유럽인(8%)으로 구성되어 있다. 이들의 공용어는 나우루어이며, 종교는 개신교(45.8%), 로마가톨릭교(33.2%), 기타(21%)로 나뉜다. 사용하는 통화는 호주달러(A$)이고, 행정구역은 14개 주(districts)이다. 기후는 뜨겁고 다습하다.

지형이 평탄 최고점은 70m를 넘지 않는 오세아니아의 남태평양에 있는 산호섬나라로 제2차 세계대전 후 UN의 신탁통치령으로 있다가 1968년 1월 독립선언을 하고 1999년 UN에 가입, 북쪽으로 마샬제도, 동쪽으로 길버트제도, 남쪽으로 솔로몬제도, 서쪽으로 파푸아뉴기니가 둘러싸고 있다.

1899년 영국의 한 회사가 나우루에서 인광석을 발견하기 전에는 오세아니아의 여느 섬과 같은 평화로운 원주민이었으나, 구아노(새똥)이 자원이 되어 1980년데 초 아랍에미리트에 이어 세계에서 두 번째로 잘사는 나라(1인당 국민소득 3만 달러. 미국·일본의 1인당 국민소득은 1만 달러)로 인구가 적어(13,000명) 부의 분배도 공평해서 불만을 가지는 사람도 없었다.

자가용 비행기로 피지, 하와이, 싱가포르로 매일 쇼핑을 하고, 하나인 도로(길이18km, 제한속도 40km/h)에 람보르기니, 포르쉐 등 고가자동차를 타고 다녔고(두 대는 기본), 그 좁은 섬에 여객기 9대, 주유소

29개가 있고, 걷기 귀찮아 짧은 거리도 차로 다녔으며, 마트에서 쇼핑하기도 귀찮아서 차를 몰고 마트 앞에 가서 전화하면 종업원이 지정한 물건을 들고 나왔다.

집에는 각종 가전제품, 당시 부자들만 가질 수 있던 컴퓨터나 게임기도 있었다. 채굴산업엔 현지인들은 없고 외국자본가와 외국인 노동자만 있었다. 국민들은 손 하나 까딱하지 않았으며, 이들이 서비스를 제공받기 위해 필요한 노동력은 전부 외국인 노동자(공무원 포함)였다. 세금도 없고 주택도 학비도 유학 경비도 병원도 모두 국가에서 대주는 모두 공짜였다.

하지만 1990년대부터 무분별한 채광 및 인광석이 바닥을 보이면서 몰락이 시작된다. 이에 정부는 바닷가에 어항을 만들어 국민들을 일하게 했으나 고기잡는 법도, 농지를 개간하는 법도, 농사짓는 법도, 낚시하는 법도, 빨래나 요리 같은 인간적인 삶을 위한 방법도 옆 나라에 가서 배워야 될 정도로 잊어버렸다.

이에 나우루는 돈을 벌기 위해 조세 피난처와 불법적인 돈세탁 지역이 되기도 했다. 밀입국한 사람들을 수용하는 수용소를 짓는 조건으로 오스트레일리아 정부로부터 경제 원조를 받거나 자국 영해 근처에서 참치 조업을 허가해주고 그 비용을 받아 근근이 살아가고 있으나, 평균 고도도 낮아져 섬나라 투발루와 마찬가지로 지구온난화로 인해 나라 전체가 가라앉을 위험에 처해 있다. 현재 상황이 극적으로 개선되지 않는다면 나우루는 국민 모두가 호주에서 지정해 준 곳으로 이주해 역사 속으로 사라질 가능성이 높다.

한정된 자원에 의존하던 경제구조의 몰락 모델이자 자원의 저주 표본인 나우루. 일부 학자들은 석유가 고갈될 때 인구가 적고 인력이 부족하며 산업이 발달하지 못한 중동 국가도 나우루와 비슷한 과정을 겪을 것이라고 경고한다.

나우루는 중동 산유국의 미래가 될 수도 있지만 지구 전체의 미래가 될 수도 있다. 인류는 화석연료가 제공하는 수많은 혜택에 대해 대안을 마련하지 않는 한, 언젠가 찾아올 화석연료 고갈 후의 미래가 우리의 모습일지도 모른다.

독일의 작가이자 철학자이며 과학자인 요한 볼프강 폰 괴테는 "꿈을 멈추면 당신의 인생도 멈춘다. 헤매는 하루하루가 인생이다. 시간은 당신을 기다려주지 않는다."라고 꿈의 중요성을 강조했다.

오늘도 "꿈을 멈추면 당신 인생도 멈춘다."라는 교훈을 잊지 말고 당신의 꿈을 향해 다리는 앞서가는 선구자의 길을 응원한다.

책을 쓴 뒤 달라진
인생을 살아라

꿈은 이루어진다. 이루어질 가능성이 없었다면 애초에
자연이 우리를 꿈꾸게 하지도 않았을 것이다

— 존 업다이크 —

중국의 당나라가 멸망한 뒤 찾아온 오대십국시기 사람인 후량의 왕
언장은 성품이 우직하고 곧았으며 싸움에 나갈 때는 항상 쇠창으로
용감히 싸워 별명이 왕철창이었다.

그는 '호랑이는 죽어 가죽을 남기고, 사람은 죽어 이름을 남긴다.'라
는 말에 감명 받아 죽는 순간까지도 그 말을 외웠다고 한다.

당신은 과연 무엇을 남겨야 할지 가슴깊이 새겨 보라. 예전에는 장례
문화가 지금과 같은 화장이 아닌 매장이었기에 비석에 고인의 이름과
뒷면에 식구들의 이름을 넣었다.

그러나 지금은 화장이 대세라 납골당에 안치하거나 수목장(樹木葬)의
형태로 변화하고 있다. 이 아름다운 지구에 온 당신이 모든 역경을 견
디고 역사의 주인공으로서 한 단막극의 막을 훌륭하게 내렸을 때, 남
는 것은 당신의 이름밖에 없다.

사람들은 당신의 이름만으로 생전의 성품과 업적을 기억하며, 당신

을 비난하거나 칭찬하게 된다. 때문에 다들 이름을 소중하게 여기고 빛내는 일에 최선을 다하는 삶을 살려고 노력한다.

여기서 나는 '당신의 이름에 어디에 남겨 놓을 것인가?'라는 주제로 심각하게 생각해본 경험이 있는지 묻고 싶다.

내가 아는 지인은 등산과 여행을 좋아하여 수시로 국내 및 국외의 산과 계곡 등의 자연을 찾아다니는데, 불법임에도 불구하고 다른 사람들 몰래 암벽에 자신의 이름을 각인하여 놓았다고 자랑한다.

그러나 후세들이 볼 때는 자연환경을 파괴한 못된 선조로 기억될 것이다. 과연 그런 대접을 받고 싶은 지 의문이다. 또한 내 이름을 건물벽 또는 도로 바닥에 깊이 새겨 놓았을 경우, 건물이나 도로를 보수하면 그 이름은 영원히 묻혀 버리고 없어진다. 이 얼마나 허무한 일인지 생각해볼 일이다.

나는 지금 이 책을 보시는 독자들에게 '당신의 뜻깊은 이름을 책에 남겨, 후세들에게 선한 영향을 줄 수 있는 선조가 되어야 할 의무는 당신에게 있다.'라고 감히 말하고 싶다.

김병완 작가의 『김병완의 책쓰기 혁명』의 본문 중에 "글쓰기 전 후, 달라진 인생을 경험해 보라."는 말은 우리에게 많은 것을 생각하게 하고 실행하게 하도록 독려한다.

만약에 지난 4년 동안 책 읽기에만 미쳤다면, 지금 인생은 어떻게 되었을까? 생각하기 끔찍할 정도였을 것이다. 독서만 하고, 글쓰기를 하지 않았다면 지금 생활고로 인해 빚은 더 많아졌을 것이고, 가정은 파탄 직전까지 갔거나, 매우 위태로운 가족 관계를 근근이 유지하며 살고 있었을 것이다. 글쓰기를 시작하자, 가장 먼저 달라진 것은 적지만 수입이 생겼다는 것이다. 단 한 푼도 벌지 못했던 3년과 수입이 불규칙하고 적지만 조금이라도 있다는 것은 엄청난 차이였다.

(…중략…)

평범한 사람으로 40년을 살아왔던 사람에게는 이것은 기적과 같은 일이다. 국민 행복 토크 콘서트에 40대 대표로 행사에 출연, 동아일보나 조선일보에 인생과 책 이야기가 기사화되어 광고가 아닌 기사로 나간 적도 있고, 수많은 라디오와 방송에 출연하기도 했다.

(…중략…)

글을 쓴다는 것 자체만 해도 굉장한 일이지만, 그 글들이 책으로 출간되면 그 파급효과는 상상을 초월하게 된다.

(…중략…)

돈과 명예와 평생 먹고 살 수 수많은 기회를 단 한 권의 책을 통해 얻을 수 있다. 물론 한 권의 책을 출간해서 이런 기회를 전혀 얻지 못하는 사람들도 많다.

하지만 책을 출간하지 않으면 이런 기회를 얻을 수 있는 최소한의 기회조차, 자기 자신에게 부여하지 않는 것이 된다. 글을 쓰고, 책을 출간하게 되자, 가장 좋았던 것은 평생 현역으로 일하면서 살 수 있는 인생의 길이 열렸다는 점이었다. 아무리 좋은 직장을 지금 다닌다고 해도 40대 혹은 50대가 되면 물러나야 한다.

퇴직하고 나서 비참한 인생을 살아가는 사람들이 적지 않다. 당연히 목소리가 작아지고, 움츠러들게 된다.

하지만 글을 쓰면서 살아가는 인생은 이때부터가 전성기인 셈이다. 얼마나 멋진가? 다른 사람들은 전성기를 지나, 침체기를 살다가 가야 하는데, 글을 쓰는 사람들은 이제부터가 전성기라는 것이다. 글을 쓰며 사는 사람들만이 가질 수 있는 특권이자 축복인 것이다.

아울러 인생의 전성기를 위하여 운동·소식 등의 건강 생활습관으로 질병예방 노력해야 한다.

2016년 1월 19일 연합뉴스의 김길원 기자에 의하면 김종인 원광대 장수과학연구소장은

"기존 100세인의 장수 비결이 살기 좋은 지역, 건강에 좋은 음식, 몸에 좋은 생활습관 등이었다면 이제는 가구당 생활비와 도시화 수준 등이 장수에 결정적인 영향을 미치는 것으로 파악됐으며, 질병이 생겼을 때 얼마만큼 신속하게 대응할 수 있느냐는 100세 장수의 관건이 된다(국내 장수지역 20곳 가운데 9곳이 서울과 인접한 위성도시)."

고 말했다.

그의 연구에 따르면 지역별 100세 생존율 차이에 영향을 미친 생태학적 요인으로는 가구당 월 최소생활비(평균 203만원), 경제활동인구수(1천명당 평균 90명), 상하수도 보급비율(평균 68%), 아스팔트 도로포장 비율(평균 75%), 도시화 수준 등이 꼽혔다.

또한 백세인을 위한 건강 생활습관으로 적당한 운동, 충분한 과일·채소 섭취, 소식, 절주, 금연, 긍정적 사고 등을 권고 했다.

"하루를 살아도 가슴 뛰는 삶을 살아라."

우리는 모두 영원히 살 것처럼 하루하루를 무심히 살아가지만, 어느 누구에게나 인생의 끝은 온다. 단 한 사람도 죽음을 피할 수는 없다. 이 진리를 직시하는 순간, 누구나 묻게 된다.

"그렇다면 지금 나는 진정 내가 원하는 삶을 살고 있는가?"

'한번뿐인 인생'이라는 말을 자주, 쉽게 하면서도 언젠가 나에게도 삶의 마지막 순간이 오리라는 것은 대부분 망각하고 있다. 죽음은 삶의 다른 경험들처럼 여러 번 해볼 수도, 미리 느껴볼 수도 없기 때문이다.

죽음의 순간에 스스로 직면해 보지 않고서는 아무것도 알 수 없기에, 삶의 방법에 대해 다시 한 번 생각해 본다.

1. 당신의 임무는 사랑의 방해물을 찾아내는 일이다. 삶의 여행을 하는 동안 사랑하는 법을 배워야 한다.
2. 당신 속에 다른 사람이 지나다니게 하라.

3. 당신이 배워야 할 것을 발견하라.
4. 고통을 선물로 여긴다면 당신은 성장한다.
5. 삶을 그렇게 심각하게 살지 말라. 우리는 삶을 누리고 놀이를 하기 위해 이곳에 왔다.

"당신이 할 수 있다고 생각하면 할 수 있고, 할 수 없다고 생각하면 할 수 없다."고 미국의 기업가 헨리포드가 말했듯이 책을 쓰는 것은 내가 아니다.

'오랜 세월동안 내 몸과 마음에 전해오는 조상들의 DNA가 나를 지금까지 이 자리에 있게 한다.'라는 명예와 자부심을 잊지 말고, 당신만의 책을 출간하여 책을 쓴 뒤 달라진 인생을 살아야 할 의무와 책임이 당신에게 있다는 것을 명심하자.

진정으로 웃으려면 고통을 참아야하며, 나아가 고통을 즐길 줄 알아야 해.
— 찰리 채플린 —

이 한 권에서 책을 써야하는 이유와 과정, 그리고 얻을 수 있는 결과 등에 대해 모두 알아보았다.

이해되는 부분과 아리송한 부분이 분명히 있을 것이다. 나도 그러한 과정을 겪어보았기 때문에 그 맘을 알 수 있다. 여기서 중요한 것은, 무조건 부딪쳐 실천하는 책 쓰기가 필요하다는 것과, 도전자의 길은 본인 몫이라는 현실을 직시하는 것이다.

책을 쓰다보면 어느 날은 잘 나가다가도 순간순간 막히거나 온 종일 막히는 등, 삶의 굴곡과 같은 '인생의 롤러코스트'가 반복될 것이다.

그러나 여기서 멈추면 시작하지 아니한 것보다 못하다.

도전정신. 그것은 크게 도전하는 사람이 큰 꿈을 이룬다는 것을 잊지 말자.

얼마 전 SNS 상에서 관심을 끌었던 '90세 노인의 영어학원 등록이야기가 아직도 내 머릿속에서 맴돈다.

그 노인은 35년 간의 직장 생활을 충실히 이행하고 명예로운 정년퇴직을 했다.

그 이후 30년이란 시간을 아무것도 하지 않고 죽음을 기다리며 무의미하게 보내버린 것을 반성하면서 90세의 나이에 영어학원을 등록했다는 사연은, 이를 본 많은 사람들에게 충격과 자극을 주었으며 오늘의 나를 반성하게 만든 계기가 되었다.

인생을 살아가면서 지금보다 절실한 나중은 없다. 어쩌면 나중이란 시간이 영원히 오지 않을 수도 있다. 눈앞에 와 있는 지금이란 시간은 과거라는 역사 속으로 빨려 들어간다. 지금 하지 않으면서 다음 기회라는 이야기를 할 정도로 삶은 길지 않다. 지금, '가슴 뛰는 일'을 시작하자!

미국 심리학자 피터 맹건 교수는 20대와 60대를 대상으로 '3분'의 시간을 마음속으로 세다가 정확한 3분이 지났다고 생각될 때 얘기하도록 하는 실험을 진행하였다. 그 결과 20대는 3초 안팎으로 3분의 시간을 정확히 알아맞힌 데 비해 60대는 40초 정도가 더 지나야 3분이 지났다고 얘기하였는데 이렇게 시간을 짧게 느낀 것은 나이가 들면서 우리 뇌에서 뭔가 시간 감각과 관련한 변화가 일어남을 암시한다.

엊그제 새해를 시작한 것 같은데 어느새 한 해의 마무리단계에 와 있다. '누가 세월은 유수와 같다고 했던가?'라는 말을 새삼 실감한다. 물의 속도가 빨라진 것도 아니고 지구의 공전속도가 빨라진 것도 아닌데 나이가 들어 갈수록 세월이 더 빨리 흘러간다고 한다.

'사람이 늙어가며 겪는 생활의 가치는 그 사람이 사는 동안에 얼마나 책을 읽었는가에 따라서 달라진다.'라고 아놀드가 말했듯이 과거의 우리 조상들처럼 40대가 되면 어른이 된 듯 헛기침하며 뒷짐 지고 팔자걸음을 걷는 시대는 역사 속으로 사라져야 한다.

꿈이 있는 사람과 꿈이 없는 사람은 하루하루를 살아가는 모습이 확연히 다르다. 나이가 들었다고 꿈과 비전이 없이 평범한 삶에 안주하며 자신의 꿈을 가슴 한편에 묻어둔 사람은 어제와 다를 바 없는 오늘을 살게 된다.

우물 안 개구리 같은 모습으로 직장 또는 사회가 만들어 놓은 울타리 안에 안주하며 매일 아등바등하며 사는 평범한 삶에 적응된 당신에게 말한다. 그 평범함은 '풍전등화' 같은 미래라고.

최근에는 정년이 단축되고 있어 '사오정', '오륙도'란 단어가 유행한 지 오래다. 이 말들은 이미 많은 사람들이 익숙해할 정도로 퍼졌다. 그리고 직장인을 언제 파리채에 맞아 죽을지 모르는 파리 목숨과 비교한다. 지금 잘 나간다고 해서 당신의 직장이 영원히 당신을 지켜 주지 않는다.

오늘도 잠을 못자고 가족과 함께하는 시간을 줄여가며 무작정 스펙을 쌓기에 바쁜 당신에게, 자신의 이름으로 된 책 한 권을 쓰는 것이 자신의 이름을 퍼스널 브랜딩 하는데 가장 효과적이라 말하겠다. 비록 지금은 평범한 삶을 살고 있다 하더라도, 자신의 꿈을 크게 그리기 위해 매일 초고를 써 나간다면 오늘과 다른 특별한 내일을 기대할 수 있다.

더 이상 남에게 보여주기 위한 스펙을 쌓지 말고 당신의 꿈을 향한 책 쓰기에 시간과 노력을 투자하라. 당신의 책이 어렵게 들어간 직장에서는 무한경쟁 속에서 살아남게 하고, 당신의 사업에 탄력을 주는 에너지가 될 것이다.

'지금 시작하기에 너무 늦지 않았을까?'라는 부정적인 생각이 든다면 늦은 나이에 대학에 입학하고, 자동차 면허를 취득하고, 한글을 배우고, 세계배낭여행에 도전하는 분들과 밑에 소개할 늦은 나이에 등단한 작가들의 열정을 본받아 진정한 나를 위한 삶을 살아가기 바란다.

영국 여성 작가 피넬로프 피츠제럴드는 1979년 부커상 수상자로 병든 남편과 가족을 부양하느라 창작생활을 못하다가 58세 때 첫 장편을 발표했다. 파울로 코엘료 작가는 마흔에 산티아고를 여행하고 『연금술사』를 썼다.

타계한 박완서 작가는 주부로서, 아내로서, 다섯 아이의 엄마로서 치열한 삶을 살면서도 살림하는 틈틈이 밥상에 엎드려 자신이 구상해두었던 작가 김수근에 대한 이야기인 『나목』을 써서 여류 소설 공모전에서 대상을 타 마흔의 나이에 등단했다. 『우담바라』의 작가 남지심은 그런 박완서를 보고 자극을 받아 36살에 등단했다.

영화 〈벤자민 버튼의 시간은 거꾸로 간다〉에는 "살아가면서 너무 늦거나, 너무 이른 건 없단다. 꿈을 이루는데 제한 시간은 없단다."라는 말이 나온다. 나이가 드는 것은 아무도 막을 수 없으나 정신을 젊게 유지하는 것은 스스로 선택할 수 있다. 그러니 무엇을 하든 '지금보다 절대 시작하기에 늦은 때란 없다.'는 말을 기억하자.

"먼저 당신이 원하는 것을 결정하라. 그리고 그것을 이루기 위해 당신이 기꺼이 바꿀 수 있는 것이 무엇인지 결정하라. 그 다음에는 그 일들의 우선순위를 정하고 곧바로 그 일에 착수하라."라고 H. L. 린트는 결정의 중요성을 강조했다.

세상을 살아가는 누구에게나 할 일은 수없이 많다. 그러나 나의 인생을 변화시키길 절실히 원한다면 지금 즉시 모든 일에서 우선순위를 책 쓰기로 정해라.

이 책이 나오기까지 많은 도움과 고생을 하신 ㈜북랩의 손형국 대표님, 김회란 본부장님, 그리고 편집부 여러분께 머리 숙여 감사드린다.

또한 얼마 전 101세로 소천하신 외조모(장 복자 례자), 평생 못난 외조카를 위해 사랑을 베풀어주신 나의 하나밖에 없는 이모님(차 승자 현자), 이 자리까지 오도록 살펴주신 외숙부님(차 치자 회자)과 꿈이 있어 행복한 나의 사랑하는 가족들… 민생고에 작가의 길을 가느라 내 역할을 못하여도 항상 나를 사랑해주시는 모든 지인들에게 지면으로나마 감사의 마음을 전한다.

고, 감, 사(고맙습니다, 감사합니다, 사랑합니다)를 실천하도록 늘 노력하겠습니다.

2018. 5.

우주CEO **이대성**